अतीत के पीछे मत दौड़ो। भविष्य की चिन्ता में मत पड़ो। अतीत नष्ट हो चुका है, भविष्य निकट भविष्य में नहीं आयेगा। वर्तमान धर्म को सब स्थान पर देखना चाहिये। कर्त्तव्य-पथ में अविलम्ब आज ही आरूढ़ होना चाहिये। कौन कह सकता है कब मृत्यु हो जाए। मृत्यु महासेना के आगमन का कोई समय नहीं है। अतीत का अनुगमन करने से वेदना होती है, भविष्य की कल्पना से रोग उत्पन्न होगा। वर्तमान की चिन्ता करने वाला प्रत्युत्पन्न धर्मों में अनुरक्त होता है।

- महात्मा बुद्ध

युग प्रवर्तक महात्मा बुद्ध

अशोक कौशिक

डायमंड पॉकेट बुक्स

प्रकाशक : डायमंड पॉकेट बुक्स (प्रा.) लि.
X-30 ओखला इंडस्ट्रियल एरिया, फेज-II
नई दिल्ली-110020
फोन : 011-40712200
ई-मेल : sales@dpb.in
वेबसाइट : www.diamondbook.in

Yug Pravartak Mahatama Budh
By : Ashok Kaushik

अनुक्रम

प्राक्कथन

भारतवासियों के जीवन में महात्मा बुद्ध के उपदेशों का गहन प्रभाव रहा है, और आज भी विद्यमान है। यह विषय अभी भी विवादस्पद ही बना हुआ है कि बौर्द्ध-धर्म हिन्दू धर्म का ही एक अंग है अथवा नहीं। अनेक विद्वान इसे हिन्दू धर्म का अभिन्न अंग मानते हैं और अनेक इसको पृथक धर्म मानते हैं। आधुनिक बौद्ध, जो प्राचीन परम्परा से सर्वथा पृथक् से दिखाई देते हैं, वे इसे हिन्दू धर्म से पृथक करने का प्रयत्न कर रहे हैं। जब कि प्रत्येक हिन्दू जब किसी शुभ कार्य करने के लिये तत्पर होता है तो उस समय संकल्प लेते हुए कहता है – ... 'जम्बूद्वीपे, भरत खण्डे, आर्यावर्ते देशे, बुद्धवतारे...' अर्थात् वर्तमान कलिकाल को भी वह बुद्ध के अवतार का काल ही मानता है। क्योंकि चौबीस अवतारों में बुद्ध का स्थान है, कल्कि का स्थान सन्देहास्पद है।

बौद्ध-धर्म भारत वर्ष तक सीमित नहीं रहा। वह संसार के प्रत्येक कोने में अपना स्थान बनाये हुए है। किन्तु भारतेतर देशों में बुद्ध को और उनके धर्म को हिन्दू धर्म से अलग करके नहीं देखा जाता। वे इसे हिन्दू धर्म का ही एक अंग मानते है। स्वयं गीतगोविन्दम के कवि ने उन्हें वेदों का उद्धारक मानते हुए लिखा है -

निन्दसि यज्ञविधेर अहह श्रुतिजातम्।
सदयहृदय दर्शित पशुघातम्।
केशव धृत बुद्ध शरीर... जय जगदीश हरे।।

जयदेव का कहना है कि यज्ञों में पशुबलि को देखकर बुद्ध में दया उमड़ी और उन्होंने इसका विरोध करने के लिए धर्मचक्र चलाया। यहां पर हम यह बताना उपयुक्त समझते हैं कि किसी भी हिन्दू शास्त्र में, वेदों से आरम्भ कर अद्यतन शास्त्र-ग्रन्थों में कहीं यज्ञ में क्या किसी भी समारोह में पशुबलि का प्रावधान नहीं है। विपरीत इसके शास्त्रों ने पशुबलि का प्रत्याख्यान

किया है।

तदपि पशुबलि प्रचलित तो थी। आज भी कहीं-कहीं देखी जा सकती है। किन्तु यह शास्त्र का विधान नहीं है। रहा प्रश्न मांस भक्षण का, वह तो स्वयं बुद्ध ने वर्जित नहीं किया है। उन्होंने कहा है -

"भिक्षुओ ! जगत में ऐसे भी मनुष्य है जो भिक्षुओं को अपना मांस तक प्रदान कर देते हैं। किन्तु भिक्षु को मनुष्य का मांस नहीं खाना चाहिये। इसके अतिरिक्त हाथी, अश्व, श्वान, सर्प, सिंह, बाघ, चीता, भालू लकड़बग्घा का भी मांस नहीं खाना चाहिये।"

गौतम ने उस मांस भक्षण का विरोध किया है जो सामने मारा गया हो, जिसके विषय में बताया गया हो कि यह मांस है। उनका कहना है कि जिसके विषय में सुना न गया हो, जिसे देखा न हो और जो मांगा न गया हो वैसा मांस खाने में कोई दोष नहीं है।

अब रही बात राजकुमार सिद्धार्थ के काल में समाज में प्रचलित गल्प और कुरीतियों की। यह कहा जाता है कि उनका उच्छेद करने के लिये राजकुमार सिद्धार्थ ने राजपाट त्यागा था। किन्तु बौद्ध साहित्य इसकी साक्षी नहीं देता। बौद्ध साहित्य में बुद्ध को केन्द्र बिन्दु बनाकर वह सब लिखा गया है जिसके उन्मून और उच्छेदन के लिये गौतम ने गृह त्याग किया था। यहाँ तक कि सिद्धार्थ अर्थात् बुद्ध के योगबल की इतनी कथायें प्रचलित है जिनका कि कोई अन्त नहीं है। जितना गल्प बौद्ध साहित्य में भरा पड़ा है उतना तो १०८ पुराणों को मिलाकर भी संग्रह किया जाये तो वह बहुत कम होगा। हिन्दुत्व के पतन में जहाँ पौंगापन्थियों का हाथ रहा है वहां बौद्धों का भी कम हाथ नहीं रहा।

पालि और प्राकृत तथा संस्कृत साहित्य न भी पढ़ा जाये, तो भी आज कल हिन्दी में बौद्ध साहित्य का पर्याप्त अनुवाद हो चुका है, पाठक उनमें से कोई एक दो पुस्तके पढ़ लें, अथवा जातक कथाओं को ही पढ़ लें, उन्हें हमारे कथन की सत्यता का आभास नहीं अपितु पूर्णतया साक्षी प्राप्त हो जायेगी।

जिस व्याधि, जरा और मरण से मुक्त होने के लिये बुद्ध ने गृह त्याग किया, प्राचीन धर्मग्रन्थों को नकारा, उनकी आलोचना की, परम्पराओं का उच्छेद किया, क्या स्वयं बुद्ध उस व्याधि, जरा और मरण से मुक्त हो पाये ? वे आजीवन व्याधिग्रस्त रहे और जीवन के अन्तिम आठ-दस वर्ष तो वे अतिसार, रक्तातिसार से पीड़ित रहे और उसी से उनकी मृत्यु हुई। वार्धक्य भी उन्होंने भोगा। आनन्द की सहायता बिना उनको चलना तक कठिन होता था। अस्सी वर्ष की आयु में उनकी मृत्यु हुई। रही मृत्यु की बात, चुन्द कर्मकार के यहां मांस भोजन

करने के उपरान्त उनका अतिसार बढ़ा और प्राणन्तक रोग बन गया, इस प्रकार वे मृत्यु से पार नहीं पा सके।

बुद्ध का जीवन बड़ा विस्तृत है। हमने मुख्य-मुख्य घटनाओं और व्यक्तियों का ही इस जीवनी में वर्णन और चित्रण किया है। किन्तु इसके लिये भी विशाल बौद्ध साहित्य का अध्ययन और अनुशीलन करना पड़ा। इस जीवनी में जो कुछ भी दिया गया है उसका साक्ष्य बौद्ध ग्रन्थों में प्राप्त है, इसमें हमने अपनी ओर से कुछ नहीं जोड़ा है। हाँ, यत्र-तंत्र टिप्पणी अवश्य की है। वह लेखकीय कर्तव्य था, उसका हमने पालन किया है।

डायमण्ड पॉकेट बुक्स के संचालक श्री नरेन्द्र अपने पाठकों को भारत की महान विभूतियों से परिचित कराने के लिये कृतसंकल्प हैं, उसी क्रम में यह जीवनी भी है। जैसा कि हमने कहा है, इसमें जो कुछ भी दिया गया है वह बौद्ध ग्रन्थों के आधर पर ही दिया गया है। अतः यदि किसी को कहीं कोई अतिशयोक्ति अथवा अयुक्ति का अनुभव हो तो इसमें जीवनी लेखक का दोष न माना जाये। अनेक स्थानों पर तो हमने उन ग्रन्थों का नाम भी दे दिया है, जहाँ से उन घटनाओं का साक्ष्य हमें प्राप्त हुआ है।

आशा है इस जीवनी के पढ़ने से पाठकों को बुद्ध के विषय में उन अनेक बातों का ज्ञान लेगा, जिसके विषय में उनके मन में अभी तक भ्रान्ति थी। तदपि यदि कहीं कोई भूल हो गई है तो उसके सुधार के लिये लेखक सदा तत्पर है।

– अशोक कौशिक

7- एफ, कमला नगर

दिल्ली - 110007

1

प्रारम्भिक जीवन

जन्म और बाल्यकाल

सनातनधर्मी हिन्दू जब किसी मांगलिक कार्य को आरम्भ करता है तो उससे पूर्व वह कार्यारम्भ के लिये संकल्प लेता है और उस संकल्प में देश, काल, तिथि आदि का उच्चारण करते हुए कहता है - 'जम्बूद्वीपे भरत खण्ड आर्यवर्ते बौद्धावतारे' आदि-आदि। द्वीपों में जम्बूद्वीप को सर्वश्रेष्ठ माना गया है। उसी भरत खण्ड के जम्बूद्वीप में मध्यप्रदेश की राजधानी कपिलवस्तु थी। उस मध्यप्रदेश में उन दिनों इक्ष्वाकु वंशीय राजाओं का राज्य था। उसी इक्ष्वाकु कुल में एक राजा हुए हैं - शुद्धोदन। वे मध्यप्रदेश के राजा थे। शुक्लोदन, अमृतोदन, धौतोदन तथा शुक्रोदन उनके चार अन्य भाई थे।

राजा शुद्धोदन इक्ष्वाकुवंश की परम्परा के अनुसार प्रजाहितकारी थे। उनका प्रथम विवाह देवी महामाया के साथ सम्पन्न हुआ था। देवी की एकमात्र सन्तान सिद्धार्थ के जन्म के सात दिन बाद उनका देहावसान हो गया था और उसके कुछ समय बाद महाराज शुद्धोदन ने महाप्रजापति गौतमी के साथ विवाह किया था। उन्हें देवी महामाया की सगी बहन बताया गया है। महाप्रजापति गौतमी की सन्तान नन्द और रूपनन्दा थी। इसी प्रकार शुक्लोदन के पुत्र का नाम देवदत्त और आनन्द था। अमृतोदन के पुत्रों का नाम महानाम तथा अनुरुद्ध था। धौतोदन निस्सन्तान थे। राजा शुद्धोदन की दो बहनें भी थीं, जिनका नाम अमिता तथा प्रमिता था।

आषाढ़ मास में, जो वर्तमान सौरमास परम्परा के अनुसार लगभग मध्य जून से मध्य जुलाई तक का होता है, वर्षा आरम्भ हो जाती है। प्यासी धरती अपनी पिपासा तृप्त कर हरीतिमा का विस्तार करने लग जाती है। नगर-नागरिकों में उल्लास समा जाता है। ऐसे अवसरों पर उस युग में उत्सवों का आयोजन किया जाता था। ऐसे ही एक उत्सव में कपिलवस्तु नगर में उल्लास छाया हुआ था। सारे मार्ग सजाये गये थे, उद्यानों की तो अपनी छटा ही

निराली थी। राजपथ द्वारों से सजाये गये थे। नगर में स्थान-सथान पर नृत्य, गायन, वादन आदि कार्यक्रम आयोजित किये गये थे।

आषाढ़ पूर्णिमा आने में अभी सात दिन शेष थे, किन्तु सात दिन पूर्व से ही उत्सव की तैयारी आरम्भ हो गई थी। महाराज शुद्धोदन की पटरानी महादेवी महामाया का मन उल्लास से भरा हुआ था। नगरवासियों में भी पूर्णिमा के पूर्व के सात दिन से ही उल्लास छाया हुआ था।

पूर्णिमा की प्रातः काल देवी महामाया निद्रा त्याग कर नित्यकर्म से निवृत्त हुईं। परिचारिकाओं ने उनके स्नानादि की व्यवस्था की। उससे निवृत्त होने के उपरान्त ईश वन्दना आदि कार्य सम्पन्न किये गए और उसके बाद महारानी का साज श्रृंगार किया गया। देवी महामाया उद्यान जाने के लिये उतावली हो रही थीं, उनका मन हर्षित था। मध्यान्होत्तर वे निर्धारित उद्यान में उपस्थित हुईं। शनैः शनैः आषाढ़ का सूर्य पश्चिम की ओर अग्रसर होता गया। देवी महामाया उद्यान में अपनी सखियों के साथ हर्षोल्लास पूर्ण नृत्य, गायन, वादन आदि करती रहीं।

यों समय बीतता गया और सन्ध्या समीप आ गई। उद्यानवाटिका में सुगन्धित तेल दीपों का प्रकाश फैल गया बाहर चन्द्रमा की छटा बिखरी हुई थी। सन्ध्या भी रात्रि में परिणत होने लगी। यथा समय देवी महामाया ने उनके लिये विशेषतया निर्मित शयनकक्ष की ओर पग बढ़ाये। पुष्पवासित और सज्जित पलंग पर महामाया विराजमान हुईं तो परिचारिकाओं ने विजन डुला कर आषाढ़ की गर्मी को शान्त करने का यत्न किया। ज्यों-ज्यों रात्रि बढ़ती गई त्यों-त्यों वातायन से सुन्दर शीतल बयार आनी आरम्भ हो गई। महारानी निद्रा की गोद में लीन हो गईं।

उसी सुप्तावस्था में देवी महामाया ने एक स्वप्न देखा।

स्वप्न विचित्र था। एक उज्ज्वलवर्ण हाथी ने देवी के शयनकक्ष में प्रवेश किया। हाथी की सूंड में रजत कमल था। उस हाथी ने देवी की शय्या की तीन बार परिक्रमा की और फिर देवी की कुक्षि में प्रविष्ट हो गया।

सहसा रानी की निद्रा भंग हो गई। उन्हें इस प्रकार उठती देखकर उनके समीप धरती पर लेटी हुई परिचारिकायें विजन डुलाने लगीं। रानी के मस्तिष्क में स्वप्न की घटना ही घूम रही थी। वे स्वप्न का रहस्य जानने के लिये उतावली हो उठीं। उन्होंने महाराज के पास सन्देश भिजवाया।

महाराज को विदित हुआ। महाराज ने चौंसठ नैमित्तिक ब्राह्मणों को आमन्त्रित किया। उनके आने पर, उनका यथोचित स्वागत सत्कार किया गया और फिर महाराज ने महारानी के स्वप्न की बात बता कर उसका फल जानने की इच्छा व्यक्त की। ब्राह्मणों ने एक स्वर से कहा

— 'देवी ने गर्भ धारण किया है।' महाराज ने सन्तति के पुत्र अथवा कन्या होने के विषय में जानना चाहा तो ब्राह्मणों ने बताया कि गर्भ में पुत्र स्थित् है।

राजा प्रफुल्लित हुए। रानी ने सुख का सांस लिया।

गर्भ धारण किये दस मास की समाप्ति से पूर्व महारानी ने अपने मायके जाने की इच्छा व्यक्त की। महाराज ने सहर्ष अनुमति दे दी। महारानी प्रसन्न हो गई। मुहूर्त निकाला गया और उस शुभ मुहूर्त में महारानी ने अपने पितृगृह, देवदह, के लिये प्रस्थान किया।

उन दिनों की यात्रायें आधुनिक युग की भांति वायुयान अथवा रेल से नहीं अपितु रथों से हुआ करती थीं। सभी मार्गों में स्थान-स्थान पर यात्रियों के विश्राम के लिये विश्राम गृह, उद्यान गृह आदि बने हुए होते थे।

देवदह और कपिलवस्तु के मध्य एक स्थान था 'लुम्बिनी'। यद्यपि यह स्थान दोनों राज्यों के मध्य में स्थित था, तदपि यह नेपाल की सीमा में ही आता था और इसके उपयोग दोनों राज्यों के नागरिक समान रूप से करते थे। लुम्बिनी वन की वनश्री बड़ी लुभावनी थी। देवी महामाया की इच्छा हुई कि कुछ समय वहां रह कर आनन्द प्राप्त किया जाये।

यह वैशाख पूर्णिमा का दिन था। बसन्त की छटा अभी विद्यमान थी। महारानी महामाया एक खूब खिले हुए शालवृक्ष के नीचे जाकर खड़ी हो गईं। वृक्ष की शाखायें पुष्पभार से झुकी हुई थीं। देवी ने एक शाखा को लपक कर पकड़ा। बड़ी देर तक उसे अपने हाथ में थामे रहीं और अपनी सखियों एवं परिचारिकाओं से वार्तालाप भी करती रहीं।

सहसा महारानी को प्रसव वेदना होने लगी। महारानी होने के कारण इस प्रकार की आकस्मिक व्यवस्था का प्रावधान महाराज ने पहले से ही कर दिया था। देवी से प्रसव वेदना का संकेत पाते ही परिचारिकाओं ने उसी स्थान पर चारों ओर वस्त्र का वितान तान दिया। इस अवसर के लिए नियुक्त विशिष्ट परिचारिकायें अपना कार्य करने लगीं। कुछ समय बाद सहज रूप से महारानी ने पुत्ररत्न को जन्म दिया।

देवी ने लुम्बिनी में पुत्ररत्न के दर्शन किए। लुंबिनी का वन भी धन्य हो गया।

महाराज को समाचार भेजा गया। महाराज ने अपने कुल पुरोहित तपस्वी काल देवल को आमन्त्रित किया। उनके पधारने पर महाराज ने उनका यथोचित आदर सत्कार किया और फिर उनसे पुत्र के भूत-भविष्य के विषय में जानकारी प्राप्त करने की इच्छा व्यक्त की।

तपस्वी ने पुत्र को देखने की इच्छा व्यक्त की। इसका प्रबन्ध किया गया। राजा ने शिशु को तपस्वी की ओर बढ़ाया तो उन्होंने स्वयं उसे अपनी बांहों के पलने में ग्रहण किया। शिशु

प्रसन्न था। उसे देख कर तपस्वी हंसे। राजा को बड़ा विस्मय हुआ। और फिर सहसा तपस्वी बड़े गम्भीर हो गये। उन्होंने इधर-उधर देखा और फिर उनकी आंखें भी तरल होने लगीं। राजा का आश्चर्य बढ़ता गया। राजा को लगा कि शिशु के भविष्य के विषय में सोचकर ही तपस्वी उद्विग्न हुए हैं। उन्होंने तपस्वी के कान के समीप मुख ले जाकर पूछा, "भन्ते! क्या शिशु का भविष्य संकटापन्न है ?"

"नहीं राजन्। यह बात नहीं है।"

"तो फिर, आप पहले हंसे और फिर रोये क्यों ?"

"राजन् ! मैं तो स्वयं अपने दुर्भाग्य पर रोया था।"

"वह कैसे ?"

"राजन् ! यह अद्भुत शिशु है। यह महापुरुष बुद्ध होगा। किन्तु उस समय तक मैं स्वयं जीवित नहीं रह सकूंगा, यही सोचकर मेरी आंखें तरल हो आई थीं।"

महाराज आश्वस्त हुए।

समय पर शिशु के सभी संस्कार सम्पन्न हुए। नामकरण के दिन महाराज ने एक सौ आठ ब्राह्मणों को आमन्त्रित किया था। उनके लिये निर्जल खीर बनाई गई। नवजात शिशु का नाम सिद्धार्थ रखा गया। ब्राह्मण वर्ग जब सब प्रकार से सन्तुष्ट हो गया तो महाराज ने उनके सम्मुख भी शिशु के भविष्य के विषय में अपनी जिज्ञासा व्यक्त की। उनमें आठ ब्राह्मण ऐसे थे जो दैवज्ञ लक्षण जानते थे। उनमें से सात ब्राह्मणों ने एक मत होकर कहा — "राजन्! यदि इसने गृहस्थ धर्म का पालन किया तो यह चक्रवर्ती राजा होगा और यदि इसने प्रव्रज्या ग्रहण की तो यह बुद्ध होगा।"

सातवां ब्राह्मण था कौडिन्य। उसने एक बार पुनः शिशु को देखा और फिर बोला, "महाराज! यह महापुरुष राजाप्रसाद को शोभित नहीं करेगा। यह प्रव्रज्या लेगा और विवृत कपाट बुद्ध होगा।"

शिशु के जन्म के सात दिन बाद महारानी महामाया ने स्वर्ग के लिये प्रस्थान किया। तब शिशु को उसकी मौसी महाप्रजापति गौतमी के संरक्षण में दे दिया गया। मातृहीन होने पर भी कुमार सबका प्रिय था। एक हाथ से दूसरे हाथ में खेलता रहता था। महारानी गौतमी द्वारा पालित पोषित होने के कारण सिद्धार्थ का एक नाम गौतम भी पड़ गया। कालान्तर में यही नाम अधिक प्रचलित रहा।

कुमार समय के साथ बढ़ता गया। कालान्तर में महाराज ने महाप्रजापति गौतमी को अपनी पटरानी बनाया।

कुमार की शिक्षा दीक्षा का उचित प्रबन्ध किया गया। राजवंश के कुलगुरु तपस्वी असित देवल बहुत वृद्ध हो चुके थे। उन्होंने महाराज शुद्धोदन को भी शिक्षित किया था। महाराज की इच्छा उनके द्वारा अपने कुमार को शिक्षित करने की थी, किन्तु वृद्धावस्था के कारण तपस्वी पुरोहित असित देवल के लिये यह सम्भव नहीं हो पाया। तब महाराज ने कुमार सिद्धार्थ की शिक्षा की अन्य व्यवस्था की।

हम आरम्भ में ही बता आये है कि देवदत्त और आनन्द राजकुमार सिद्धार्थ के चचेरे भाई थे। देवदत्त और सिद्धार्थ लगभग समवयस्क थे किन्तु आनन्द थोड़ा उनसे छोटा था।

राजकुमार सिद्धार्थ एक दिन कपिलवस्तु के राजकीय उद्यान में मनोविनोद के लिये गये हुये थे। उद्यान के सुन्दर स्वच्छ जल में नील कमल खिले हुए थे। हंसों की पंक्ति कल्लोल करती आकाश में इधर उधर उड़ रही थीं। आकाश की निलिमा सरोवर की नीलिमा से एक प्रकार से प्रतिस्पर्द्धा कर रही थी। अकस्मात् आकाश में उड़ती हंस पंक्ति बिखर गई। उनकी संगीतमय ध्वनि क्रन्दन में परिवर्तित हो गई। कुछ ही क्षण उपरान्त एक हंस ठीक कुमार के चरणों में आ गिरा।

हंस आहत था। पीड़ा से छटपटा रहा था। कुमार ने उसे उठाया। आकाश में विचरते हंस इधर-उधर शरण के लिये छिपने लगे। वाण से आहत हंस अपने जीवन के लिये छटपटा रहा था। कुमार ने उसका वाण निकाल दिया था और अपनी बुद्धि से वे उसका उपचार करना चाह रहे थे। उन्होंने अपने मृदुल हाथों से उसे सहलाया इससे हंस को सान्त्वना सी मिली।

कुमार उद्यान में विहार करते दूर निकल आये थे। परिचारिकायें कहीं समीप दिखाई नहीं दे रही थीं। किन्तु जब उन्होंने भी हंसों को विचलित होते देखा तो किसी आशंका से वे कुमार के पास दौड़ी चली आई थीं।

उसके साथ ही कुमार ने देखा कि बड़े वेग से उनका चचेरा भाई देवदत्त उनकी ओर बढ़ा चला आ रहा है। आहत हंस ने जब देवदत्त की पदध्वनि सुनी तो उसकी दृष्टि देवदत्त पर जा पड़ी। उसे देखने ही वह कुमार की बांहों में सिमट गया। देवदत्त ने समीप आकर कहा, “गौतम! यह हंस मेरा है। मैंने इसे बाण मार कर गिराया है।”

“क़िन्तु यह तो मेरी शरण में आया है। अब यह मेरा है। मैंने इसे बचाया है।”

“मैं नहीं जानता। मैंने इसे गिराया है, यह मेरा है, इसे मुझे दे दो।”

“नहीं, मैंने इसके प्राणों की रक्षा की है, इस पर अब मेरा अधिकार है।”

इस प्रकार जब दोनों में विवाद बढ़ता गया तो अन्त में यह निश्चय हुआ कि महाराज

से इसका निर्णय कराया जाये। महाराज के समीप जाने पर उन्होंने दोनों की बात को ध्यान से सुना और फिर बोले, "देवदत्त! जीवित प्राणी पर उसी का अधिकार होता है, जो उसके प्राणों की रक्षा करता है।"

"यदि वह मर जाता तो?"

"तो यह तुम्हारा शिकार था।"

देवदत्त निराश होकर लौट गया। किन्तु उस दिन से कुमार के प्रति उसमें द्वेष भावना और अधिक बढ़ गई। बाल्काल से ही वह कुमार से द्वेष करता आया था। किन्तु देवदत्त का छोटा भाई आनन्द देवदत्त से विपरीत स्वभाव का था। उसकी कुमार के प्रति श्रद्धा थी।

कुमार सिद्धार्थ किशोरवस्था में थे। उनकी शिक्षा राजकुलोचित रीति से हो रही थी। तदपि राजा के मन में सदा आशंका बनी रहती थी।

एक दिन राजकुमार की इच्छा हुई कि वन-भ्रमण किया जाये। महाराज का आदेश था कि कुमार की इच्छा का पालन होता रहे। कुमार ने इच्छा व्यक्त की तो सुन्दर रथ सज कर आ गया। कुमार उस पर आरूढ़ हो वन के लिये चले।

राजकुमार की आयु ज्यों-ज्यों बढ़ती गई, उनकी विलक्षणता की चर्चाएं भी उसी प्रकार बढ़ती रहीं। उस दिन नगरवासियों में जिस-जिस को विदित हुआ कि उनके मार्ग से राजकुमार वन-विहार के लिये जा रहे हैं तो वे उनके दर्शनों के लिये राजपथ पर आकर खड़े होने लगे।

कुमार ने मार्ग के दोनों ओर खड़ी भीड़ को देखा। इस भीड़ को देखने का अब कुमार का स्वभाव बन गया था। किन्तु तभी उनकी दृष्टि एक ऐसे व्यक्ति पर पड़ी, जो जरा-जर्जरित हो गया था। अब तक ऐसे किसी व्यक्ति को कुमार ने देख नहीं था। वे विस्मय से उसे देखते रहे और समझ नहीं पाये कि यह ऐसा किस प्रकार हो गया है। उसकी कमर झुकी हुई थी। उसकी आंखों की बरौनियां श्वेत हो गई थीं। उसका पेट पीठ से लगा हुआ था। वह लाठी के सहारे बड़ी कठिनाई से चल पा रहा था। सिर के बाल पक कर गिर गये थे। शरीर कांप रहा था और उसे श्वास लेने में कठिनाई हो रही थी।

कुमार ने उसके विषय में अपनी सारथि से पूछा, "सौम्य! यह कैसा है ?"

"कुमार! यह वृद्ध पुरुष है। कभी यह भी आप जैसा था, किन्तु आयु ने इसको इस अवस्था तक पहुंचा दिया है।"

राजकुमार ने सुना तो स्तब्ध रह गया। क्या मेरी भी यही दशा होगी ? यह विचार करता रहा और अन्त में उसने सारथि से पूछ ही लिया, "सौम्य! क्या हम भी कभी ऐसे होंगे?"

"बढ़ती आयु के साथ सबको एक दिन ऐसा होना पड़ जाता है कुमार!"

राजकुमार की जिज्ञासा बढ़ी और वह सारथि से वृद्धावस्था के विषय में भांति-भांति के प्रश्न पूछता रहा। रथ की गति मन्द हो गई थी और सारथि उसको सब कुछ बताता जा रहा था।

कुमार ने जब वृद्धावस्था के विषय में सुना तो वह उदास हो गया। उसे आघात-सा लगा। अब वन-विहार की उसकी इच्छा जाती रही। उसने सारथि से कहा, "सौम्य! रथ लौटा लो, अब हमारी इच्छा आगे जाने की नहीं रही।"

"जो आज्ञा!"

रथ लौट गया। नगर वासियों को भी रथ के लौटने पर विस्मय हो रहा था, किन्तु सर्वाधिक विस्मय हुआ था महाराज को।

महाराज ने जब सुना कि कुमार बिना वन-विहार के वापस आ गया है तो उन्हें चिन्ता होने लगी। उन्होंने सारथि से वापस लौटने का कारण पूछा। सारथि ने सब यथावत वर्णन कर दिया। महाराज ने प्रतिहारियों को आदेश दिया कि राजकुमार के मनोविनोद के लिये सुरुचिपूर्ण नाटक आदि का आयोजन किया जाये। इसके साथ ही उन्होंने महामन्त्री को बुलाने का आदेश भी दिया।

महामन्त्री असमय में महाराज का आदेश पाकर दौड़ा-दौड़ा आया। उसके आने पर महाराज ने सारी स्थिति का वर्णन कर कहा, "सौम्य! इस अवस्था में यही उचित है कि राज भवन से आधे योजन तक किसी वृद्ध आदि की छाया भी नहीं दिखाई देनी चाहिये।"

महामन्त्री ने कहा, "महाराज! इसकी व्यवस्था करवा दी जायेगी।"

और यह व्यवस्था करवा दी गई।

दिन बीतते गये। कुमार की तरुणाई बढ़ती गई। तरुण हृदय परिवर्तन चाहता है, कुछ करने को लालयित होता है। साहस दिखाना चाहता है।

राजकुमार ने एक दिन पुनः उसी प्रकार उद्यान भ्रमण की लालसा व्यक्त की। सुसज्जित रथ द्वार पर खड़ा हो गया। कुमार रथ पर आरूढ़ हुआ। रथ चल पड़ा, निर्धारित मार्ग पर। आधे योजन तक का मार्ग जरा-जर्जरित वृद्धों से रिक्त था। किन्तु घटना को टालना तो विधि के हाथ में है व्यक्ति के नहीं।

कुमार का रथ अपने गन्तव्य की ओर अग्रसर था कि मार्ग में कुमार की दृष्टि अकस्मात् एक ऐसे व्यक्ति पर पड़ी जिसने अपने दोनों हाथ भूमि पर टेक रखे थे और ऐसा लग रहा

था कि वह वेदना से कराह रहा है। उसके सम्मुख दो व्यक्ति बैठे थे, एक दो व्यक्ति इधर-उधर समीप ही खड़े भी थें, तदपि वे उसकी वेदना को शान्त करने में असमर्थ दिखाई दे रहे थे।

कुमार ने उसे देखा तो सारथि से रथ रोकने को कहा। रथ रुक गया। सारथि की दृष्टि उस व्याधिग्रस्त व्यक्ति पर पड़ी। वह समझ गया कि कुमार ने रथ क्यों रुकवाया है। और राजकुमार ने प्रश्न कर ही दिया,"सौम्य! यह पुरुष कौन है ?"

"उसके समीप खड़े व्यक्ति क्या उसका दुख बांट नहीं सकते ?"

"कुमार! उसकी पीड़ा को कोई नहीं बांट सकता। वह उसे ही सहन करनी होगी।"

राजकुमार ने सुना तो उसके मुख पर पसीना छलक आया। उससे उस व्याधि ग्रस्त पुरुष की व्यथा देखी नहीं जा रही थी। राजकुमार ने उसकी व्याधि का कारण जानना चाहा। सारथि ने राजकुमार को बताया कि यह तो शरीर का धर्म है। लाख यत्न करने पर भी मनुष्य को कभी न कभी कोई व्याधि आ घेरती है। कोई-कोई व्याधि अधिक कष्टकारक बन जाती है, तब उसकी यह दशा हो जाती है। सारथि ने बताया कि शरीर तो रोग का कारण बनता ही है।

कुमार को आश्चर्य हो रहा था। एक ओर वह व्यक्ति पीड़ा से कराह रहा था और दूसरी ओर मार्ग पर चलने वाले व्यक्ति प्रसन्नचित्त अपनी-अपनी दिशा की ओर बढ़े चले जा रहे थे। मानो इस बात से आश्वस्त हों कि उन्हें व्याधि कभी नहीं घेरेगी।

सहसा कुमार ने कहा, "सारथि! रथ लौटा लो। हमारा मन आगे जाने को नहीं करता।

जिस गति से रथ वन की ओर बढ़ रहा था उससे भी तीव्र गति से वह राजभवन की ओर बढ़ चला। रथ लौटा, सिद्धार्थ उदास था, सारथि चुप था। राजा ने रथ की ध्वनि सुनी तो उनका मन आशंकित हो गया। रथ के इतने जल्दी लौटने पर उनको विस्मय हो रहा था।

महाराज रथ तक पहुंचे, राजकुमार उससे उतर कर अपने कक्ष की ओर जा चुके थे। सारथि रथ लेकर अश्वशाला की ओर जा रहा था कि महाराज ने उसे रोक लिया। रथ के लौटने का कारण पूछा। सारथि ने पूर्व की भांति इस बार भी यथावत सब बता दिया। कारण जानकर महाराज की मुख मुद्रा गम्भीर हो गई।

महामन्त्री को बुलवाया गया। असमय में महामन्त्री के बुलाये जाने पर उसको भी आश्चर्य हुआ। हड़बड़ाता हुआ महाराज के सम्मुख उपस्थित हुआ। महाराज ने कहा, "सौम्य! राजभवन के चारों और पौन योजन तक पहरा बैठा दो। इस सीमा में न तो कोई जराग्रस्त और न कोई

रोगग्रस्त प्राणी प्रवेश करने पाये।"

मन्त्री ने आज्ञा को शिरोधार्य किया और तदनुसार व्यवस्था कर दी गई।

राजकुमार की उदासी बढ़ती गई। दो घटनाओं ने राजकुमार को विचलित कर दिया था। उनका मन संसार से विरक्त होने लगा। यदि जरा और व्याधि शरीर का धर्म है तो उससे मुक्ति पाने का भी कोई उपाय होगा ? यही विचार उनको सताये जा रहा था। समय के साथ-साथ उनकी यह धारणा भी दृढ़ होती जा रही थी, किन्तु कोई उपाय नहीं सूझता था।

ऐसे में एक दिन राजकुमार ने पुनः वन भ्रमण की इच्छा व्यक्त की। राज भवन के कृत्रिम सब साधनों से उनको अरुचि हो गई थी। राजकुमार की आज्ञा का पालन किया गया। रथ सज्जित होकर उनके द्वार पर खड़ा हो गया। राजकुमार रथ पर आरूढ़ हुए तो रथ मार्ग पर चल पड़ा।

रथ अपने गन्तव्य की ओर अग्रसर था कि तभी एक दृश्य सम्मुख आ गया। चार व्यक्ति एक अर्थी को उठाये हुए जा रहे थे। अर्थी को देखकर जहां पैदल चलने वाले उसके सम्मुख नत मस्तक होकर उसके लिए मार्ग छोड़ देते थे वहां वाहन भी उसके आगे नहीं जा रहे थे, वे मार्ग में एक ओर को रोक दिए जाते थे।

राजकुमार को यह देखकर बड़ा आश्चर्य हो रहा था। सर्वाधिक आश्चर्य कारक बात यह थी कि अर्थी के साथ चलने वाले सभी लोगों के मुख शोक से लटके हुए थे। कोई-कोई तो दुःखित मन से रो रहा था और और कोई निकट सम्बन्धी अपने बाल भी नोचने लगता था।

राजकुमार का रथ भी रुक गया था। राजकुमार ने ऐसा दृश्य पहली बार ही देखा था। राजकुमार ने पूर्व की ही भांति अपने सारथि से उसके विषय में जिज्ञासा की तो उसने बताया कि कोई व्यक्ति मर गया है और उसके सम्बन्धी उसके निष्प्राण शरीर को फूंकने के लिये श्मशान की ओर ले जा रहे है। इसके बाद राजकुमार ने ज्यों-ज्यों अधिक जानकारी चाही सारथि ने वह पूर्ण जानकारी दी और राजकुमार को विदित हुआ कि एक दिन उसका भी इसी प्रकार अन्त होगा। उसको विदित हो गया कि मनुष्य मरणधर्मा है। राजकुमार सोच नहीं पा रहा था कि यह सव क्यों होता हैं, कैसे होता है। बहुत देर तक यों ही विचार करने के उपरान्त राजकुमार ने कहा, "सारथि! रथ वापस ले चलो।"

सारथि ने आज्ञा का पालन किया।

आज भी रथ को शीघ्र वापस आया देखकर महाराज को कौतूहल हुआ। राजा किसी अप्रिय घटना से आतंकित हो उठा।

राजकुमार जल्दी से उतर कर अपने कक्ष में चला गया तो महाराज ने सारथि से रथ के लौट आने का कारण जानना चाहा। सारथि ने सब कुछ बताया। महाराज की चिन्ता बढ़ी। उन्हें लगा कि यह सब विरक्ति के लक्षण हैं। उन्हें राजकुमार ने जन्म समय की भविष्यवाणी स्मरण हो रही थी।

महामन्त्री को बुलाकर राजभवन के चारों ओर एक योजन तक किसी जरा, व्याधि और मृत्यु को प्राप्त व्यक्ति के न दिखाई देने की आज्ञा प्रसारित हो गई।

2

निवृत्ति मार्ग की ओर

मन की दुविधा

अकेला व्यक्ति निरन्तर घर में किस प्रकार बैठा रह सकता है ! और फिर ऐसा व्यक्ति जिसने जरा, व्याधि और मृत्यु को देखकर खिन्नता ओढ़ ली हो, उसके लिये किसी प्रकार दिन व्यतीत करना कठिन होना स्वाभाविक ही था। किन्तु राजकुमार जैसे व्यक्ति के लिये, जिसके मनोविनोद के साधनों की कोई कमी न हो वह यदि खिन्न रहने लगे तो विचार करने की बात है।

तब तक राजकुमार सिद्धार्थ का विवाह हो चुका था। पत्नी यशोधरा प्राण-पण से पति पर न्योछावर थी। पत्नी के लिये जो कुछ देय था वह उससे अधिक देने को तत्पर थीं, किन्तु राजकुमार को क्या चाहिये, पहले इसका तो किसी को ज्ञान हो।

राजकुमारी यशोधरा से राजकुमार सिद्धार्थ को एक पुत्ररत्न की भी प्राप्ति हो चुकी थी। पुत्र का नाम रखा गया राहुल। बड़ा ही प्रिय शिशु ठीक वैसा ही जैसे अपनी शैशवावस्था में सिद्धार्थ स्वयं थे।

पत्नी, पुत्र, राजपाट, कुछ भी तो राजकुमार सिद्धार्थ को शान्ति देने में समर्थ नहीं हो पाया। इसीलिये एक दिन राजकुमार उद्यान भ्रमण के लिये निकले। कमनीय कामिनियों को राजाज्ञा हुई कि राजकुमार को किसी प्रकार भी खिन्न न होने दिया जाये। उन कामिनियों के लिये राजाज्ञा से बढ़ कर था राजकुमार का सान्निध्य प्राप्त करना। उनमें परस्पर होड़ लग गई कि कौन राजकुमार को प्रसन्न कर उनके भुजपाश का बन्धन बनती है। किन्तु सबके प्रयास विफल सिद्ध हुए। राजकुमार पर किसी का कोई प्रभाव ही नहीं।

राजकुमार के सम्मुख भांति-भांति के नृत्य और गायन-वादन होते रहे किन्तु राजकुमार इन सबसे निर्लिप्त रहे।

सहसा राजकुमार को स्मरण हो आया कि उद्यान-उत्सव होने वाला है। वे उसमें सम्मिलित होने के लिये चले। रथ राजपथ से जा रहा था। राजकुमार के आगमन की बात सुनकर नगरबालायें अपने-अपने झरोखों पर आ कर खड़ी हो गईं। जहाँ-जहाँ से रथ निकलता बालायें रथ पर, राजकुमार का एक स्मित पाने के लिये ये ललनायें लालायित थीं, किन्तु राजकुमार निर्लिप्त भाव से रथ पर आरूढ़ अपने विचारों में मग्न थे।

तभी राजकुमार की दृष्टि एक परिव्राजक पर पड़ी। उसे देखकर राजकुमार को लगा, नगर भर में जहाँ राजकुमार के रथ के आगमन की चहल पहल थी वहां ये व्यक्ति निर्विकार, निर्लिप्त, शान्त और चिन्ता रहित है। उनकी उत्सुकता जगी। परिव्राजक के पास कोई साज सामग्री नहीं थी, मात्र एक भिक्षा पात्र हाथ में लिये हुए वह अपनी दिशा की ओर बढ़ता जा रहा था।

उसके व्यक्तित्व का राजकुमार पर बड़ा प्रभाव पड़ा। उसे देखने, उसे मिलने तथा वार्तालाप करने की इच्छा हुई। सारथि से कहा, "सौम्य? रथ रोको।"

परिव्राजक के समीप आकर रथ खड़ा हो गया। परिव्राजक ने भी यह देखा किन्तु मानो कुछ हुआ ही न हो। एक वार देखकर दृष्टि फेर ली और अपनी दिशा को जाने लगा। उसकी चाल में किसी प्रकार का कोई व्यक्तिक्रम नहीं आया।

राजकुमार ने सारथि से पूछा, "सौम्य! यह व्यक्ति कौन है ? यह क्या काम करता है ?"

सारथि ने कहा, "राज्कुमार! यह संन्यासी है।"

"वह क्या होता है ?"

"जो संसार से विरक्त होकर केवल अपनी ही साधना में लीन रहता है। संसार उसे भले ही अपना समझ ले किन्तु उसके लिये संसार कुछ नहीं है। यह जगत के प्रपंच से सर्वथा परे है। उसका न कोई अपना है और न कोई पराया। उसने सांसारिक सुखों का त्याग कर दिया है। उसे अब जरा, व्याधि और मृत्यु का कोई दुःख शेष नहीं रहा।"

यह सब सुनकर कुमार की जिज्ञासा शान्त हुई। कुछ नया जानने और सुनने को मिला था। कुमार ने सारथि से कहा, "रथ बढ़ाओ।"

"कहां चलेंगे कुमार?"

"उद्यानोत्सव में।"

उद्यान में राजकुमार को आया देखकर अन्य शक्य कुमारों के मुख खिल उठे। राजकुमार ने उनकी क्रीड़ाओं में सोत्साह भाग लिया। उनके साथ जलक्रीड़ा की। उद्यान के सभी कार्यक्रमों में राजकुमार ने सोत्साह भाग लिया था, यह सब के लिये प्रसन्नता की बात थी। सन्ध्या समय

रथ राजभवन के लिये वापस चला।

नगर में राजकुमार के रथ के आने की बात फैली तो कुमारिकायें अपनी-अपनी अट्टालिकाओं में आकर खड़ी हो गईं। इनमें से ही एक तरुणी थी, कृशा गौतमी। वह भी अपनी अटारी में आकर खड़ी हो गई।

कृशा ने देखा तो मुग्ध हो गई। मन ही मन कहने लगी कि वह माता परम सौभाग्यशालिनी है जिसने राजकुमार जैसा पुत्र पाया है। वह पिता भी परम पुण्यात्मा है। वह नारी परम सौभाग्यशालिनी है जिसने राजकुमार जैसा पति पाया है। वह पुत्र सौभाग्यवान है जिसने ऐसा पिता पाया है।

सिद्धार्थ ने अनुभव किया कि कृशा गौतमी में आकर्षण है। वे भी उसकी ओर निहारते रहे। राजकुमार ने अपने कण्ठ से मुक्ताहार निकाला और एक दो बार उसे अपने हाथ से उछाल कर कृशा गौतमी की ओर निहारा। गौतमी की आंखों में कामवेग उतर आया। उसका मुख कमल खिल गया।

गौतम ने अपने उस मुक्ताहार को गौतमी के पास भेज दिया। गौतमी तो उसे पाते ही नाच उठी। उसे लगा कि उसने आज समस्त संसार को जीत लिया है। उसने यही समझा कि गौतम को उस पर अनुराग हो गया है और उसका प्रतिदान यह माला भेज कर दिया है। माला हाथ में आते ही उसने उसे अपने कण्ठ में धारण कर लिया। खिल उठा उसका रोम-रोम। आज उसे अपने यौवन की सफलता का भास हुआ। उसने समझा कि वह राजकुमार गौतम की अनुराग पात्री बन गई है। उसने मुग्ध और तृषित नेत्रों से गौतम की ओर देखा।

किन्तु गौतम ने उसे गुरु तुल्य समझा था। वह माला उन्होंने उसे गुरु दक्षिणा के रूप में भेंट की थी। एक साधारण, तुच्छ भेंट।

गौतम ने तो कृश गौतमी के मुख से सुना था — "वह माता-पिता निवृत्त हैं जिन्होंने ऐसा सुत पाया है। वह नारी निवृत्त है, जिसने ऐसा पति पाया है।"

इसी निवृत्ति का पाठ पढ़ कर गौतम ने कृश गौतमी को गुरु पद पर प्रतिष्ठित किया था और मुक्ताहार के रूप में अपनी श्रद्धा समर्पित की थी।

गृहत्याग

यों वर्ष बीतते गये। सिद्धार्थ उनतीस वर्ष के हो गये।

एक दिन सहसा उनके मन में कुछ कोलाहल हुआ। रात्रि का गहन अन्धकार था कि

राजकुमार की निद्रा भंग हो गई। राजकुमार ने इधर-उधर देखा तो पाया कि परिचारक-परिचारिकायें, जिसको जहाँ जैसा स्थान मिला वहीं पर सो रहा है। उनको स्मरण आया कि सोने से पूर्व उनके कक्ष में गायन-वादन और नृत्य होता रहा था। इसी प्रकार सबको निद्रा देवी ने अपनी गोद में ले लिया था।

राजकुमार धीरे से उठे। द्वार पर गये। आवाज दी, "कोई है ?"

"देव। मैं छन्दक हूं।"

"छन्दक! हम बाहर जायेगे। अच्छा सा अश्व तैयार करो।"

छन्दक अभिवादन कर चला गया। सहसा राजकुमार को अपने कुमार राहुल का ध्यान आया। सोचा, एक बार उसको देख लिया जाये। गौतम राजकुमारी यशोधरा के कक्ष की ओर चले। यत्र-तत्र परिचारिकायें प्रगाढ़ निद्रामग्न थीं। राजकुमार यशोधरा के द्वार पर पहुंचे। धीरे से कपाट खोला, देखा, शैय्या पुष्पों से सज्जित है, सुगन्धित तैल दीप मध्यम जल रहा है। राहुल की माता अपने पुत्र के साथ सो रही है, एक हाथ नवजात शिशु के मस्तक पर था। राहुल तब केवल सात दिन का ही तो था।

पिता ने नवजात शिशु को देखा, ममता उमड़ने लगी। सोचा एक बार उसको गोद में ले लें। किन्तु नहीं, निर्निमेष नेत्रों से वहीं से दोनों को निहारते रहे। भीतर जाऊं अथवा न जाऊं, यह द्वन्द्व मन में उठने लगा। कभी एक पग उठा कर अन्दर जाने का विचार आता, किन्तु फिर उसे अपने स्थान पर रख देते। पुनः कपाट खोलकर अन्दर जाने की इच्छा हुई किन्तु साहस नहीं हुआ।

अन्त में वैराग्य की विजय हुई। गौतम ने वहां से पीठ फेर ली।

राजकुमार द्वार पर आये। छन्दक श्वेत अश्व लिये खड़ा था। राजकुमार को देख कन्थक हिनहिनाया नहीं। राजकुमार उसके समीप गये, उसकी पीठ थपथपाई और फिर उस पर आरूढ़ हो गये।

राजकुमार नगर द्वार की ओर चले। छन्दक साथ हो लिया। महाद्वार खुला हुआ था। प्रहरी इधर-उधर सो रहे थे। गौतम द्वार से बाहर हो गये।

गौतम ने उसी रात्रि में शाक्य, कीलिय तथ रामग्राम तीन राज्यों की सीमाओं को पार कर लिया। इस प्रकार चलते हुए वे कपिलवस्तु से तीस योजन दूर अनोमा नदी के तट पर पहुंच गये। कुछ क्षण रुके। फिर कन्थक को ऐड़ लगाई। अश्व नदी में कूद गया और उसके पार पहुंच गया।

पार पहुंच कर अश्व रोका, राजकुमार उससे उतरे।

राजकुमार ने छन्दक से कहा, "छन्दक! बस, अब आगे नहीं, यहीं तक।"

"यहीं तक क्यों कुमार?"

उसके प्रश्न का उत्तर दिये बिना राजकुमार ने कन्थक की लगाम छन्दक के हाथ में दी और स्वयं अपने वस्त्राभूषण उतारने लगे। सब कुछ उतार कर छन्दक को देते हुए कहा, "यह सब तुम ले जाओ। इस कन्थक को भी ले जाओ। अब हम यहां से पैदल ही जायेंगे।"

"कुमार कहां?"

"प्रव्रज्या ग्रहण करने।"

छन्दक के मुख से निकल गया, "देव! मैं भी प्रव्रज्या ग्रहण करूंगा।"

"नहीं सौम्य!"

"देव! मेरी यही इच्छा है।"

"नहीं, अभी नहीं।"

छन्दक प्रतिवाद करने में असमर्थ था। राजकुमार ने कहा कि वह इन सबको लेकर वापस चला जाये। छन्दक बोला, "देव! आपको त्याग कर मैं अकेले कैसे वापस लौट सकता हूं ?"

"छन्दक!" आज नहीं तो कल। एक न एक दिन तो अलग होना ही है। वैसे नहीं तो मृत्यु होने पर। फिर आज ही क्यों नहीं?

"जाओ, कपिलवस्तु जाओ, लोगों से कहना कि अब मैं जरा, व्याधि और मृत्यु पर विजय प्राप्त करने के उपरान्त ही लौटूंगा। यदि विजय न कर पाया तो मृत्यु मेरा आलिंगन स्वयं ही कर लेगी।"

राजकुमार ने चीवर धारण कर लिया।

कन्थक के पास आये, उसे थपथपाया। छन्दक ने उसे वापस ले जाने के लिये लगाम पकड़ी, किन्तु कन्थक वहीं पर गिर गया।

छन्दक बिना कन्थक के ही वापस लौटा।

छन्दक ने कपिलवस्तु की ओर मुख किया और राजकुमार ने उसके विपरीत अनुपिया के आप्रवन की ओर प्रस्थान किया।

राजगृह के मार्ग में उनको तीन आश्रम मिले। जिनमें साधक अनेक प्रकार के शारीरिक कष्ट सहते हुए साधना करते थे। सिद्धार्थ ने उनकी जीवन शैली जाननी चाही। सोचा कदाचित उनको भी इससे मार्ग मिल जाये, किन्तु बहुत छानबीन करने के उपरान्त उन्होंने उन साधनापथों को अपूर्ण पाया और अपना भिक्षा पात्र उठा कर राजगृह की ओर प्रस्थान किया।

राजगृह मगध की राजधानी था। बहुत ही मनोरम नगर। पर्वतों से सुरक्षित। यत्र-तत्र पुष्पित पुष्करिणियों से युक्त। कहीं पर्णशाला थी, कहीं धर्मशाला तो कहीं विशाल गोपुर। वहां अनेक मठ मन्दिर भी थे। अनेक प्रकार के सन्त साधकों का वहां वास होता था।

किन्तु सिद्धार्थ इन सबसे विलक्षण थे। नगरवासियों को उनको देख कर आश्चर्य हो रहा था। समाचार महाराज के कानों तक पहुंचा। वे स्वयं उस भिक्षुक को देखने के लिये अपने राजप्रसाद की छत पर जा पहुंचे। दूर से ही उन्होंने भिक्षुक को देखा। भिक्षुक राजमार्ग पर चला जा रहा था। उसने उतनी भिक्षा द्वार-द्वार पर जाकर मांगी जितनी उसके एक समय के लिये पर्याप्त थी। भिक्षा लेकर जब खाने बैठे तो एक बार उनके स्मृति पटल पर राजभवन के पकवान्न आ गये। भिक्षा पात्र में रखे अन्न को देखकर अरुचि होने लगी। किन्तु तभी सिद्धार्थ को वह भिक्षुक स्मरण हो आया जिसे उन्होंने कपिलवस्तु के पथ पर देखा था। और सिद्धार्थ ने अपना भिक्षा पात्र खाली कर दिया।

सिद्धार्थ पाण्डव पर्वत पर चले गये और एक स्थान पर आसन लगा कर शान्त मुद्रा में ध्यानस्थ हुए। राजा स्वयं उनके दर्शनों के लिये पाण्डवपर्वत पर जा पहुंचे। समीप जाकर प्रणाम किया और फिर उनका परिचय जानना चाहा। सिद्धार्थ ने पूर्ण परिचय दिया। जान कर राजा ने आग्रह किया कि वे सुखपूर्वक राज प्रसाद में निवास करें। भिक्षु बोले कि वे तो अव परिव्राजक हैं। निवास ही करना होता तो फिर राजपाठ छोड़ कर इस प्रकार क्यों आते। उन्होंने कहा, सेवा मेरा धर्म है, मैं किसी की सेवा स्वीकार नहीं कर सकता। मैंने महान् बुद्ध बनने के लिये प्रव्रज्या ली है' उस समय राजा ने पुनः निवेदन किया, "देव! बुद्धत्व प्राप्ति के पश्चात् आपका सर्वप्रथम आगमन यहीं होना चाहिये।"

सिद्धार्थ ने सहमति में सिर हिलाया और भिक्षा पात्र उठा कर चल दिये।

मगध नरेश बिम्बसार पर सिद्धार्थ के त्याग का गहन प्रभाव हुआ था।

राजगृह से सिद्धार्थ उरुवेला की ओर गये। कदाचित उसी को अब बोध गया कहा जाता है। वह स्थान गया से कुछ दूरी पर है। मार्ग में सिद्धार्थ को एक आश्रम मिला। उस आश्रम के आचार्य आलार कालाम थे। वे सांख्य दर्शन के प्रकाण्ड पण्डित माने जाते थे। उनके आश्रम में तीन सौ शिष्य निवास करते थे। सिद्धार्थ ने भी वहां रह कर सांख्यदर्शन का अभ्यास किया। उससे सन्तुष्टि नहीं हुई तो फिर आगे बढ़ गये।

मार्ग में उनको उद्दक रामपुत्र का आश्रम मिला। वे वैशेषिक दर्शन के प्रकाण्ड पण्डित माने जाते थे। सिद्धार्थ उस आश्रम में भी रहे और उन्होंने वैशेषिक दर्शन का अभ्यास किया।

कालान्तर में उद्दक रामपुत्र ने सिद्धार्थ को उसी आश्रम में रह कर शिष्यों को शिक्षा देने का आग्रह किया किन्तु उन्होंने स्वीकार नहीं किया।

सिद्धार्थ से बुद्ध

उरुवेला की ओर प्रस्थान करते हुए सिद्धार्थ पहले गया नगरी में पहुंचे, और वहाँ से उरुवेला। वह स्थान उनको बड़ा पसन्द आया। फलगू नदी उसके समीप ही थी। नदी के दूसरी ओर पर्वतमालायें थीं। तपस्या के लिये वह स्थान उपयुक्त लगा तो वहीं आसन लगाया। उसके समीप ही कौडिन्य, वप्प, मद्दिय महानाम और अश्वजित वहाँ उनसे पूर्व तपस्या कर रहे थे। वे पंचवर्गीय साधु कहलाते थे। यह संयोग की ही बात थी कि वे पांचों भी कपिलवस्तु अथवा उसके आसपास के ही निवासी थे तथा मोक्ष प्राप्ति के लिये तपस्या कर रहे थे। पांचों वेद-शास्त्रों के प्रकाण्ड पण्डित थे।

इस प्रकार कौडिन्य आदि तथा सिद्धार्थ को उस स्थान पर तपस्या करते-करते छः वर्ष की कालावधि पूर्ण हुई। सिद्धार्थ ने सिद्धि प्राप्ति के लिये शरीर को अनेक प्रकार के कष्ट देना आरम्भ कर दिया। भोजन का त्याग कर दिया। शरीर कृश हो गया। प्रारम्भ में एक समय भिक्षा ग्रहण करनी आरम्भ की थी, शनैः शनैः मात्रा कम करते हुए तिल-तण्डुल आहार करने लगे और फिर निराहार रहना आरम्भ किया तो शरीर सूख गया। शक्ति लुप्त हो गई। कभी-कभी गिर पड़ते, कभी मूर्छित हो जाते। तब सिद्धार्थ की समझ में आया कि बुद्धत्व प्राप्ति का यह मार्ग नहीं है। उन्होंने निराहार व्रत का त्याग किया।

स्थूल आहार करने से शनैः शनैः शरीर पुनः स्थूल होने लगा। छः वर्ष की तपस्या के अनन्तर भी जहाँ से तपस्या आरम्भ हुई थी पुनः वहीं आ गये। पंचवर्गीय तपस्वियों पर इसकी विपरीत प्रतिक्रिया हुई। उन्होंने सिद्धार्थ का साथ छोड़ दिया। उन्होंने उरुवेला से सारनाथ की ओर प्रस्थान किया।

बौद्ध ग्रन्थों में सुजाता की कथा का बड़ा महत्व है। वैशाख पूर्णिमा के दिन सुजाता ने देवता को भोग लगाने के लिये निर्जल खीर बनाई थी। उसके भाग्य से उस दिन वट वृक्ष के नीचे सिद्धार्थ आसन लगाए बैठे थे। उस कुलीन कन्या ने देव पूजन के निमित अनेक व्रत आदि किये और अन्त में सिद्धार्थ बुद्ध को खीर भोजन देकर उसकी मनोकामना पूर्ण हुई और बोधिसत्व ने उससे कहा, "कल्याणी! सत्य अन्वेषण में तुम्हारी खीर सहायक हुई है, तुम्हारा मंगल हो।"

बोधिसत्व पीपल वृक्ष के पास आकर तपस्या के लिये बैठ गये। उन्होंने निश्चय किया कि जब तक सम्यक सम्बोधि प्राप्त नहीं कर लूंगा तब तक इस आसन का त्याग नहीं करूंगा। इस तपस्या में उनके समक्ष अनेक विघ्न बाधायें आईं, मार भी यहीं पर आया, उसने भी अनेक प्रकार के कष्टों का वर्णन किया किन्तु बोधिसत्व विचलित नहीं हुए। इस प्रकार उनको अन्त में सफलता प्राप्त हुई। गैतम सिद्धार्थ शक्यमुनि बोधिसत्व से बुद्ध हुए।

बुद्ध ने जिस वृक्ष के नीचे बैठ कर तपस्या की थी, वह अश्वत्थ वृक्ष था। आज की भाषा में उसको पीपल कहा जाता है। बोधिसत्व के बुद्ध तत्व प्राप्त कर लेने पर वही अश्वत्थ वृक्ष 'बोधि वृक्ष' कहलाया। इसी बोधि वृक्ष की कलम बुद्ध गया से समस्त संसार में गई हैं। इसकी एक शाखा श्रीलंका में गई और कालान्तर में सारनाथ के पुनरुत्थान के उपरान्त अनागरिक धर्मपाल ने श्रीलंका के अनुराधा पुर से उसकी एक शाखा ला कर सारनाथ में लगाई थी। यह वृक्ष सारनाथ में मूलगन्ध कुटी विहार मन्दिर की पूर्व दिशा में लगा हुआ है। भारत स्वतन्त्र होने के बाद भारत सरकार के अनेक बौद्धराज्यों को इस बोधि वृक्ष की कलम भेजी थी।

उसी बोधि वृक्ष के नीचे बैठ कर भगवान बुद्ध ने अपना प्रथम उपदेश भी किया था। एक सप्ताह तक वे वहां रहे उसके उपरान्त वे निरंजना नदी के तट पर स्थित वटवृक्ष की छाया में जाकर रहने लगे। उस वृक्ष को बौद्ध ग्रन्थों में अजपाल वट वृक्ष कहा है।

उस वृक्ष का नाम अजपाल क्यों पड़ा इस सम्बन्ध में अनेक कथायें प्रचलित हैं। एक कथा के आधार पर अजपाल वहां विश्राम करते थे, इसलिये उसका नाम अजपाल पड़ गया था। दूसरी कथा के आधार पर एक ब्राह्मण वहां पर बैठ कर अजपाजप करते थे। इसलिये उसका नाम अजपाल पड़ा। तीसरी कथा के अनुसार मध्यान्ह में अज् अर्थात् बकरियां वहां आकर विश्राम करती थीं, इसलिये उसका नाम अजपाल पड़ गया। क्यों कि उसके नीचे अजाओं का पालन होता था।

बुद्ध एक सप्ताह तक उस वृक्ष के नीचे बैठ कर उपदेश करते रहे और फिर वहां से भी आगे चल दिये। कुछ दूर पर एक न्यग्रोध वृक्ष था। उन्होंने उसके नीचे बैठ कर उपदेश दिया। यहाँ पर मुचलिन्द नाग से उनका साक्षात्कार हुआ। तब से उस वृक्ष का नाम मुचलिन्द वृक्ष पड़ गया।

भगवान ने एक सप्ताह के अनन्तर मुचलिन्द वृक्ष का आश्रय छोड़ा और राजयतन वृक्ष के नीचे जा विराजे। कालान्तर में इस वृक्ष के स्थान पर एक स्तूप का निर्माण किया गया था। एक सप्ताह वहां उपदेश करने के उपरान्त बुद्ध पुनः अजपाल वृक्ष के नीचे आ गये।

अजपाल वृक्ष के नीचे विहार करते हुए तथागत के मन में वितर्क उत्पन्न हुआ कि वे धर्म का उपदेश क्यों करें ? लोग मेरा धर्म उपदेश समझ नहीं सकेंगे।

ब्रह्मा ने यह बात जान ली।

विनय पिटक, दीघ निकाय और मज्झिम निकाय में ब्रह्मा को सदापति ब्रह्मा कहा है। यहाँ से बुद्ध कथा में उन कल्पित कथाओं का समावेश होता है, जिनके प्रत्याख्यान के लिए बुद्ध ने राजपाट त्यागा था। इसके बाद के उनके जीवन में स्थान-स्थान पर बुद्ध के विभिन्न चमत्कारों की गाथायें वर्णित हैं। उन्हें अनर्गल समझ कर हमने उनके उल्लेख में संयम बरता है।

ब्रह्मा ने तथागत को कहा, "भन्ते! धर्मोपदेश कीजिए, धर्म श्रवण न करने के कारण उसके नष्ट होने की शंका है।"

इस प्रकार दोनों में वार्तालाप होता गया। अन्त में तथागत ने धर्मोपदेश करना स्वीकार कर लिया।

ब्रह्मा प्रसन्न हो गए। सविनय प्रस्थान किया।

वहीं पर उन्होंने निश्चय किया कि वे अपने धर्म का उपदेश गाथा के रूप में करेंगे।

राजयतन वृक्ष के नीचे बैठे बुद्ध को एक सप्ताह हो गया था कि तभी उत्कल देश के दो व्यापारी तपस्सु और मल्लिक उस ओर से निकले। उनको बुद्ध के वहां होने का समाचार मिला तो वे मठा और मधुपिण्ड लेकर उपस्थित हुए। भगवान की शान्तमुख मुद्रा का उन पर प्रभाव हुआ। उन्होंने भगवान से भोजन ग्रहण करने की प्रार्थना की भगवान ने स्वीकार किया और तृप्त हुए। तब उन दोनों ने प्रार्थना की कि वे भी उनके धर्म की शरण में आना चाहते हैं। भगवान ने दाहिना हाथ उठा कर उन्हें आशीर्वाद दिया और फिर उनसे घोष करवाया -

बुद्धं शरणं गच्छामि।

धर्मं शरणं गच्छामि।।

ये दो इस संसार में भगवान के प्रथम द्विवचनीय शिष्य कहलाये। उस समय तक संघ की स्थापना नहीं हुई थी अतः 'संघ शरणं गच्छामि' का प्रश्न नहीं था। मल्लिक ने कालान्तर में प्रव्रज्या ली और अर्हत पद प्राप्त किया था।

यद्यपि अब तक भगवान के चौवन श्रावक-श्राविकायें शिष्यत्व प्राप्त कर चुके थे और तपस्सु तथा मल्लिक पचपन और छप्पन वे स्थान पर आये थे, किन्तु उपासकों में उनका स्थान प्रथम था!

3

धर्म-चक्र प्रवर्तन

सारनाथ-यात्रा

बुद्धत्व प्राप्ति के अनन्तर बुद्ध ने सोचा कि अपने ज्ञान और अपने नवीन मत को किसके सम्मुख प्रकट करूं ? तब उनको सर्व प्रथम आलार कालाम का स्मरण हुआ। सर्व प्रथम सिद्धार्थ ने उनसे ही मोक्ष धर्म की शिक्षा सांख्य दर्शन के रूप में ग्रहण की थी। उससे उनको सन्तुष्टि नहीं हुई थी। तब सोचा कि क्यों न सर्व प्रथम उनको ही अपने ज्ञान का उपदेश करूं ? तभी उनको ज्ञात हुआ कि केवल एक सप्ताह पूर्व ही आलार कालाम का देहावसान हो गया है।

उसके बाद उनको उद्दक रामपुत्र का ध्यान आया। बुद्ध उनके पत्र से भी प्रभावित नहीं हुए थे। तथागत ने उन्हें उपदेश देने का विचार किया। वे उनके पास जाने का विचार कर ही रहे थे कि तभी उन्हें ज्ञात हुआ कि उद्दक रामपुत्र ने भी उसी दिन देह त्याग किया है।

उसके बाद उनको ध्यान आया कि उरुवेला में कौडिन्य आदि पंचवर्षीय भिक्षुओं ने उनकी उपेक्षा की थी, वे उनके विरोधी हो गये थे। बुद्ध ने उनको उपदेश देने का निश्चय किया। तथागत ने उनके विषय में ज्ञात किया। विदित हुआ कि वे सारनाथ वाराणसी में है। तथागत ने उस ओर प्रस्थान किया।

सारनाथ जाने के उद्देश्य से तथागत बोध गया से गया के मार्ग पर थे कि तभी उन्हें आजीवक नामक एक नग्न साधु मिला। उस युग में नग्न साधुओं को निकृष्ट माना जाने लगा था। अथवा यों कहें कि तथागत की दृष्टि में वे निकृष्ट थे। क्योंकि अशोक के शिला लेखों में तीन बार उनका उल्लेख पाया गया और उनके राज से दान प्राप्त करने का भी वर्णन मिलता है। उनके विचार का केन्द्र संसार शुद्धि था। त्रिपिटिक ग्रन्थों में भी आजीवकों के सिद्धान्तों तथा आचरणों का उल्लेख पाया जाता है।

वहां पर आजीवक और तथागत में परस्पर भेंट वार्ता हुई, किन्तु दोनों में किसी प्रकार

का सामन्जस्य नहीं हो पाया और दोनों अपने-अपने मार्ग पर चल दिये।

इस प्रकार चारिका करते हुये तथागत सारनाथ पहुंच गये। वहां जा कर उन्होंने उन पांच भिक्षुओं के स्थान पर पता लगाया। विदित हुआ कि वे एक वृक्ष की छाया में बैठे है।

सारनाथ वरुणा नदी से दो योजना के अन्तर पर स्थित बड़ा ही रमणीय स्थान था। सारनाथ के समीप सभी वस्तुओं की उपलब्धि हो जाती थी। कुछ ही दूरी पर वरुणा और गंगा का संगम स्थल भी था।

तथागत पंच भिक्षुओं की ओर चले। दूर से भिक्षुओं ने तथागत को पहचाना नहीं किन्तु ज्यों-ज्यों वे समीप आते गये उनको उन्होंने पहचान लिया। भिक्षुओं में परस्पर विचार-विनिमय होने लगा कि तथागत को उचित आदर सम्मान दिया जाये अथवा नहीं। क्योंकि उनकी दृष्टि में वे तब तक तपभ्रष्ट ही थे।

तथागत जब उनके समीप पहुंचे तो सभी ने स्वाभाविक रूप से उनका आदर सत्कार किया। आसन और पादपीठ आदि दिया। तथागत ने कहा,"भिक्षुओ! मैंने अमृत प्राप्त किया है, उस अमृत को मैं तुम्हें देना चाहता हूं।"

भिक्षुओं को इतने से सन्तुष्टि नहीं हुई। तथागत उनके मनोगत भावों को समझ गये। उन्होंने उन्हें भली भांति समझाया। इस प्रकार उन पांच भिक्षुओं को समझने-समझाने में पर्याप्त समय लगा। सर्वप्रथम कौडिन्य ने तथागत को समझा। किन्तु अन्त में पांचों ने बुद्ध के धर्म को भली भांति समझ लिया।

तथागत को इस बात से बड़ी प्रसन्नता हुई कि कौडिन्य ने उनके उपदेश को ग्रहण कर लिया है। उन्होंने उसी समय उनका नाम आज्ञा कौडिन्य रखा। तब कौडिन्य ने तथागत से प्रव्रज्या प्रदान करने का आग्रह किया। कालान्तर में वप्प और भद्दिय आदि ने भी उपसम्पदा और प्रवज्या का आग्रह किया। तथागत ने दुःखक्षय निमित उन्हें ब्रह्मचर्य का पालन करने के लिये कहा।

कौडिन्य आदि ने प्रव्रज्या ग्रहण कर लेने से अब संघ की स्थापना हो गई थी।

अब तक तथागत की दिनचर्या नियमित हो गई थी भिक्षुगण भिक्षा मांग कर लाते थे तथागत धार्मिक कथाओं द्वारा उपदेश दिया करते थे।

कौडिन्य धर्मपथ पर आरूढ़ होते गये। भगवान द्वारा नामांकित 75 श्रावकों श्राविकाओं, उपासकों और उपासिकाओं में उन्हें सर्वप्रथम स्थान दिया गया। अब कौडिन्य भी उपदेश देने लगे थे। अग्रश्रावक बंगीस ने कौडिन्य के विषय में कहा है -

"कौडिन्य तथागत के उपरान्त प्रबुद्ध हुए थे। वे महापराक्रमी थे। एकान्त एवं सुखवास का अनुभव प्राप्त करते थे। अप्रमंत्त रूप द्वारा भगवान से उनके श्रावकों को उपदेश प्राप्त था, उसे क्रमशः कौडिन्य ने प्राप्त किया था। वे महाप्रतापी थे, तत्वविद् थे, दूसरे मनोगत भावों को जानने में कुशल थे। वे भगवान के उत्तराधिकारी थे।"

गृहस्थों को प्रव्रज्या

वाराणसी के अत्यन्त धनवान श्रेष्ठि का पुत्र यश बड़ा ही सुखोपभोगी माना जाता था। उसने अपने निवास के लिये विभिन्न स्थानों पर तीन प्रासाद बनवाये हुये थे। हेमन्त, ग्रीष्म और वर्षा ऋतुओं में वह इन पृथक्-पृथक् प्रासादों में निवास करता था। वर्षा के चार मासों में वह वर्षा प्रासाद में निवास करता था। चातुर्मास में वह अपने प्रासाद से नीचे भी नहीं उतरता था।

यश एक बार अपने वर्षा प्रासाद में निवास कर रहा था। एक रात्रि को आमोद-प्रमोद के उपरान्त वह सो गया तो रात्रि के अन्तिम प्रहर में सहसा उसकी नींद खुल गई। सुगन्धित तैलयुक्त दीपक के मन्द प्रकाश में उसने देखा कि उसका मनो-विनोद करने वाली परिचारिकायें, जिसको जहां स्थान मिला था वहीं पर उसी प्रकार सो रही हैं। किसी के पास वीणा रखी है, किसी के गले में मृदंग की डोरी है। इसी प्रकार उन सबकी दशा थी।

न जाने क्यों उस समय उसे अपना वह शयन कक्ष श्मशान तुल्य दिखाई देने लगा। सुप्तावस्था में प्राणी का नग्न घिनौना रूप उसने देखा तो उसे वैराग्य-सा हो गया। उसने स्वयं को संतप्त पाया। पादुका पैर में डाल कर वह कक्ष के द्वार तक आया और फिर आगे बढ़ता हुआ नगर के द्वार पर आ गया। वहां से भी वह बाहर निकल गया।

आकाश निर्मल था, भोर की सुहावनी वेला थी। मन्द-मन्द बयार बह रही थी। गगन में तारे टिमटिमा रहे थे। यश के मन में स्फूर्ति का संचार होने लगा था। ज्यों-ज्यों वह नगर से दूर होता जाता था, उसमें अधिकाधिक स्फूर्ति बढ़ती जाती थी। वह वाराणासी से उत्तर की ओर बढ़ता चला गया।

यों चलते-चलते वह मृगदाव पहुंच गया। उस स्थान की तो छटा ही निराली थी। मृग निर्भय होकर सो रहे थे। तभी उसने देखा कि उसी मृगदाव में रात्रि की इस अन्तिम वेला में एक पुरुष भ्रमण कर रहा है। उसे कल्पना भी नहीं थी कि इस वेला में भी कोई मनुष्य जागा

हुआ हो सकता है, वह उस ओर चला गया। भ्रमण करने वाले तथागत थे। उन्होंने कुमार को आता देखा तो वे अपने आसन पर आकर बैठ गये। यश को भी आसन पर बैठने का संकेत किया। यश ने तथागत की वन्दना की और संकेत पाकर बैठ गया।

तथागत ने यश को सांसारिक मोह-माया के दुष्परिणामों का वर्णन करते हुये उसे त्यागने का उपदेश किया। यश ने ध्यान पूर्वक उनका उपदेश सुना। तथागत ने उसको पुनः समझाते हुये अन्त में कहा कि प्रव्रजित और गृहस्थ में कोई अन्तर नहीं है। जिसका अहंभाव नष्ट हो गया है वही परिव्राज है, वही प्रव्रजित है।

तथागत के उपदेश के लिये यश स्वच्छ चादर के समान सिद्ध हुआ। उस पर उनके उपदेश का रंग गहन रूप से जम गया।

प्रातःकाल होने पर यश की माता जब अपने एकमेव पुत्र के निवास स्थान पर गई तो उसने उसे अनुपस्थित पाया। वह दौड़ी-दौड़ी अपने पॅति के पास आई और उसने स्थितिं का वर्णन किया तो श्रेष्ठि स्वयं अपने पुत्र के प्रासाद गया और उसने प्रातः काल की ओस में यश की पादुकाओं के चिन्हों का अनुसरण किया। इस प्रकार वह स्वयं भी मृगदाव जा पहुंचा। तथागत को सामने देख उसने पूछा कि क्या उन्होंने किसी श्रेष्ठिकुमार को इस ओर आता देखा है ? तथागत ने श्रेष्ठि को बुलाकर कहा कि उनका पुत्र वहीं पर है। श्रेष्ठि प्रसन्न हो गया।

तथागत ने उसको भी आनुपूर्वी धर्म कथा सुनाई। गृहपति के चक्षु खुल गये। उसने तथागत से अपनी शरण में लेने की प्रार्थना की। वह श्रेष्ठि वह प्रथम पुरुष था जो इन तीन वचनों के साथ प्रथम उपासक हुआ।

'बुद्धं शरणं गच्छामि। धर्म शरणं गच्छामि। संघं शरणं गच्छामि।'

उस काल तक जनसाधारण में संस्कृत का बोलचाल की भाषा के रूप में प्रचलन था। कालान्तर में जब पालि और प्राकृत ने जन-भाषा का रूप ले लिया तो जन-साधारण 'धर्म' को 'धम्म' के रूप में प्रयोग करने लगे। तब दूसरा वाक्य 'धम्मं शरणं गच्छामि' बोला जाने लगा।

श्रेष्ठि की इच्छा थी कि उसका पुत्र यश घर चला जाये। उसकी माता वहां उसकी प्रतीक्षा कर रही थी। यश ने तथागत की ओर देखा। तथागत ने श्रेष्ठि से कहा, 'क्या जिस ज्ञान को उसने प्राप्त कर लिया है वह अकेले ही उसका स्वाद लेना चाहता है अपने पुत्र को उससे वंचित ही रखना चाहता है?' श्रेष्ठि ने तथागत के सम्मुख अपना मस्तक झुका दिया।

श्रेष्ठि ने तथागत को उस दिन का भोजन उसके घर पर स्वीकार करने की प्रार्थना की तो तथागत ने मौन स्वीकृति दे दी। तथागत प्रसन्न चित्त घर को वापस हो गया। उसका पुत्र

यश, जिसकी खोज में वह वहां तक आया था, वहीं रह गया।

अब तक सात भिक्षु तथागत के शिष्य बन चुके थे। यश प्रथम गृहस्थ था, जिसने प्रव्रज्या ली थी, शेष कौडिन्य आदि पांच भिक्षु तथा छटे तथागत स्वयं थे।

पूर्वान्ह के समय तथागत ने काषायवस्त्र धारण किये, भिक्षा पात्र और चीवर लिया तथा यश कुल-पुत्र के निवास की ओर भिक्षा के लिये चले। भिक्षु रूप में यश उनके पीछे-पीछे चल रहा था। वाराणसी निवासी यश को देखते थे, पहचानते थे। उसके जीवन में इस अद्भुत परिवर्तन को देखकर आश्चर्य चकित हो जाते थे। नगर के कुछ लोग उनके पीछे-पीछे चलने लगे थे।

श्रेष्ठि ने सामान्य रूप से अपने घर को सजाया था। तथागत के आने का समाचार पाकर वह स्वागत के लिये उठा। तथागत को उच्चासन पर बैठाया। तथागत ने वहां उपस्थित जनों को उपदेश किया। धार्मिक कथायें सुनाईं। जिसका सर्वाधिक प्रभाव श्रेष्ठि की पत्नी तथा पुत्रवधू पर हुआ। उन्होंने भी उपासिका बनने की इच्छा व्यक्त की। तथागत ने उन्हें मन्त्र दिया - **'बुद्धं शरणं गच्छामि...'**

भोजनोपरान्त श्रेष्ठि परिवार को पुनः उपदेश दे कर वे मृगदाव की ओर चले। यश उनका अनुगमन कर रहा था। पत्नी ने उसको जाते देखा, किन्तु उसके मन में रंचमात्र भी क्षोभ और क्रोध नहीं था। ऐसे चमत्कारी थे तथागत।

यश के चार मित्र थे - विमल, पूर्णजित सुबाहु और गवाम्पति। अपने मित्र के इस चमत्कारिक परिवर्तन को देखकर उन्हें आश्चर्य हो रहा था। उनमें भी जिज्ञासा जागृत हुई। एक दिन समय निकाल कर चारों मित्र इस रहस्य को जानने के लिये यश के समीप मृगदाव पहुंच गये।

यश शान्त भाव से चीवर धारण किये हुए बैठा था। यश ने उनका विहारोचित स्वागत किया। बैठ जाने पर विमल ने कहा, "यश! जिससे प्रभावित होकर तुमने यह प्रव्रज्या ग्रहण की, हम भी उस रहस्य को जानना चाहते है।"

यश ने कहा, "मुझे इस निर्मल धर्म का ज्ञान तो भगवान ने कराया है। तुम लोग उनके पास चल कर उन्हीं से इसका रहस्य जानो तो अच्छा होगा।" तथागत अब भगवान के नाम से सम्बोधित किए जाने लगे थे।

पांचों भगवान के पास पहुंचे। भगवान ने उन्हें आसन दिये। यश ने वहां आने का उद्देश्य बताया तो भगवान ने उन्हें उपदेश किया। यश के चारों मित्र भी प्रथम उपदेश में ही अलिप्त

हो गये। यश की ही भांति उनका चित्त भी निर्मल हो गया। चारों ने उसी समय प्रव्रज्या ली। तथागत ने उनसे अपने माता-पिता पत्नी आदि से अनुमति लेने के लिए नहीं कहा।

इस प्रकार इस समय तक जग में उनके ग्यारह भिक्षु हो गये।

सारी वाराणसी में यह बात प्रख्यात हो गई। यश के पचास परिचित युवकों को जिज्ञासा हुई। वे एकत्रित होकर मृगदाव, जिसका नाम तब तक ऋषिपतन पड़ गया था उस ओर चले। यश के पास पहुंचे, यश उन्हें तथागत के पास ले गये। तथागत ने उन्हें धर्मोपदेश किया, उससे प्रभावित होकर उन सबने प्रव्रजित होने के लिये भगवान ने निवेदन किया। तथागत ने उन्हें प्रव्रज्या दी। इस प्रकार भिक्षुओं की संख्या बढ़ कर 61 हो गई।

61 भिक्षुओं का संघ बन जाने पर भगवान ने उन्हें धर्म प्रचार के लिये विभिन्न दिशाओं में भेज दिया। उन्हें धर्मोपदेश, देशना और उपसम्पदा का अधिकार दिया। स्वयं तथागत ने उरुवेला की ओर प्रस्थान करने की इच्छा व्यक्त की। यों साठ भिक्षु एकाकी अपने-अपने गन्तव्य की ओर प्रस्थान कर गये। भगवान स्वयं उरुवेला की ओर चले।

तथागत मार्ग से हटकर एक वनखण्ड की ओर चले गये। वहां एक वृक्ष की छाया बैठ गये।

तभी तथागत को विदित हुआ कि समीप ही कुछ श्रेष्ठिजन सपत्नीक वन विहार लिये आये हैं। उनकी संख्या तीस थी। उनमें से एक की पत्नी नहीं थी तो उसके लिये एक वेश्या का प्रबन्ध किया गया था। उन भद्रजनों ने खूब आनन्द विहार किया, मद्यपान किया और मद्य के प्रभाव से वे मूर्छित से हो गए। वेश्यसतर्क थी। उसने उतना मद्यपान नहीं किया था। उनको मूर्च्छितावस्था में जान कर वेश्या ने अवसर से लाभ उठाया और सबके अलंकार आदि मूल्यवान वस्तुओं को लेकर वह वहां से चम्पत हो गई।

मूर्च्छा टूटने पर जब उन्होंने स्वयं को लूटा हुआ पाया तो वे वेश्या की खोज में वन भटकने लगे। सारा वन छान डाला किन्तु वेश्या नहीं मिली। खोजते-खोजते वे तथागत के समीप पहुंच गये। उन्होंने उनसे पूछा कि क्या उन्होंने इस ओर किसी स्त्री को देखा है।

तथागत ने तरुण समूह को देखा। मुस्कुराये। उनका समाचार पूछा। उन्होंने सारी स्थिति विस्तार से बता दी।

तथागत ने उन्हें उपदेश किया। उन्होंने यह भी कहा कि उस वेश्या की खोज करने की अपेक्षा वे स्वयं अपनी खोज करें तो कदाचित उन्हें उनका खोया हुआ सब कुछ प्राप्त हो जाये।

भगवान ने उन्हें धर्म का ज्ञान कराया। उनके भी ज्ञानचक्षु खुल गये। उन्हें वासना ओर तृष्णा से मुक्ति मिली। उनकी इच्छा पर तथागत ने उन्हें भी प्रव्रज्या दी।

तथागत ने वहां से उरुवेला के लिये प्रस्थान किया। वहां पहुंच कर उन्होंने देखा कि कुछ जटिल साधुओं ने वहां पर भव्य स्थान बनाया हुआ है। उसमें उरुवेल काश्यप, नदी काश्यप तथा गया काश्यप नाम्क तीन जटिल साधु नायक के रूप में रहते थे। उरुवेल के पांच सौ शिष्य थे, नदी काश्यप के तीन सौ तथा काश्यप के दो सौ शिष्य थे। ये जटिल साधु जटा रखते थे, ब्रह्मचर्य का पालन करते थे, अग्निहोत्र करते थे। बौद्ध साहित्य में उनके विषय में कहीं यह नहीं लिखा कि वे अग्निहोत्र के निमित्ति पशु बलि देते थे।

तथागत सर्वप्रथम उरुवेल काश्यप के पास पहुंचे। तथागत ने पाया कि उरुवेल काश्यप में गर्व की मात्रा बहुत है। तथागत ने उरुवेल काश्यप से कहा कि वे उनकी अग्निशाल में निवास करना चाहते हैं। उरुवेल ने बताया कि उस अग्निशाला में भयंकर विषधर सर्प का निवास है, वह उन्हें हानि पहुंचा सकता है।

तथागत ने कहा कि उन्हें उससे भय नहीं है। उरुवेल ने अनुमति प्रदान की तो तथागत उसमें प्रवष्टि हुए, आसन बिछाया और ध्यानस्थ हो गये। नाग ने देखा तो क्रोध से उसके मुख से विषयुक्त धुआं-सा निकालने लगा। तथागत ने उसे कष्ट दिये बिना उसे वश में करने का उपाय किया। समीप ही आश्रमवासी मन ही मन समझ रहे थे कि आज भिक्षु का प्राणान्त होगा, किन्तु कोई उनको बचाने के लिये वहां नहीं पहुंचा। तथागत के तेज के सम्मुख नाग तेज विहीन हो गया। तथागत ने उसे उठा कर एक पात्र में रख दिया। यह एक अन्य चमत्कार था।

प्रातः काल होने पर तथागत उठे और नागपात्र को लेकर बाहर निकले। जटिल साधुओं कों उन्हें जीवित देखकर आश्चर्य हो रहा था। तथागत ने उरुवेल काश्यप को नागपात्र देते हुए कहा कि उसमें अग्निशाला का नाग रखा हुआ है। सबने देखा कि उस पात्र में नाग कुण्डली मारे चुपचाप बैठा हुआ है।

उन जटिल साधुओं पर इसका बहुत प्रभाव हुआ। वे तथागत को सिद्ध पुरुष मानने लगे। उरुवेल ने तथागत से कहा कि वे वहीं निवास करें, साधना करें, उनकी भिक्षा का वे स्वयं प्रबन्ध करेंगे।

तथागत ने उरुवेल काश्यप की प्रार्थना स्वीकार कर ली और वहीं निवास कर साधना करने लगे। उरुवेल के मन में गत रात्रि की घटना के विषय में जानने की उत्सुकता बनी रही, किन्तु किसी प्रकार वह पूछ नहीं सके। यों दिन बीतते रहे कि तभी उरुवल के आश्रम में यज्ञ

की तिथि आ गई। मगधवासी प्रचुर मात्रा में धन धान्य आदि सामग्री लेकर उपस्थित होने लगे। उरुवेल के मन में आशंका हुई कि यदि तथागत यहां रहे तो उसकी प्रतिष्ठा कम हो जायेगी। वह इस अवसर पर किसी प्रकार उनसे छुटकारा पाना चाहता था। तथागत उसके मनोगत-विचारों को जान गये यह भी उनकी अन्यतम उपलब्धि थी। उन्होंने वहां से चुपचाप प्रस्थान किया और उत्तर कुरु चले गये। दिन रात वहीं व्यतीत की। दूसरे दिन उरुवेल उन्हें खोजता वहां पहुंचा और उसने कहा कि भिक्षा तैयार है, आप कल क्यों नहीं आये ? तथागत ने बता दिया कि वे उसके चित्त की बात जान गये थे, इसलिये नहीं आये।

जिस यज्ञ की इतने दिनों से तैयारी चल रही हो और जिसके निमित्ति दूर-दूर से लोग आ रहे हो, वह यज्ञ क्या एक दिन में ही पूर्ण हो गया होगा ? बौद्ध साहित्य में यही उल्लेख है। अर्थात् उनका उद्देश्य गौतम को चमत्कारी एवं सिद्ध-पुरुष सिद्ध करना था, इस प्रसंग में वे इस संगत असंगत का विचार नहीं कर सके कि उनके कथन में कितना विरोधाभास है।

उसके बाद भी तथागत वहीं रहते रहे। उरुवेल को अपनी प्रतिभा से चमत्कृत करते रहे। कालान्तर में उरुवेल ने भी अपने पांच सौ शिष्यों सहित प्रव्रज्या लेने का निश्चय किया। जटिलों ने अपने सब वस्त्र उपकरण आदि नदी में बहा दिये।

नदी काश्यप ने नदी में जटिलों की सामग्री को बहते देखा तो उसने अपने शिष्यों से कहा, "कहीं उरुवेल दुर्घटनाग्रस्त न हो गये हों।" वे अपने शिष्यों सहित उरुवेल काश्यप के आश्रम में गये। उनको वहां स्वस्थ देख प्रसन्नता व्यक्त की। उनको देखकर नदी काश्यप ने भी अपने शिष्यों सहित प्रव्रज्या ग्रहण की। उन्होंने भी अपना सब कुछ जलार्पण कर दिया। गया काश्यप को विदित हुआ तो उसने भी उसी पथ का अनुगमन किया।

तथागत की मनोकामना पूर्ण हुई। उन्होंने जटिल साधुओं को अपने पथ का अनुयायी बना लिया था।

राजगृह में चमत्कार

तथागत की इच्छा भ्रमण करने की हुई तो उन्होंने राजगृह के लिये प्रस्थान किया। उरुवेल तथा गया के मध्य ब्रह्मयोनि पर्वत है, जिसे गया सीस भी कहा जाता है। तथागत अपने एक हजार शिष्यों के साथ उसी पर्वत पर विहार करने लगे। यह किंवदन्ति प्रचलित है कि कालान्तर में देवदत्त जब संघ से पृथक हुआ तो उसने यहीं आकर निवास किया था। सम्राट अजातशत्रु

ने उसके लिये यहां पर एक विहार का निर्माण कराया था। यहीं पर तथागत ने गयसूक्त का उपदेश किया था।

उपदेश सुनकर भिक्षुओं का चित्त निर्मल हो गया। आवागमन के कारणभूत मलों से मुक्ति मिल गई।

तथागत को स्मरण आया कि उन्होंने राजा को राजगृह आने का वचन दिया था। वे राजगृह की ओर चले। साथ ही एक सहस्र शिष्य थे। राजगृह के समीप जर्णियाव वन में उन्होंने विहार किया। वन रक्षक ने महाराज को इसकी सूचना दी।

महाराज बिम्बसार ने तथागत की कीर्ति सुनी थी। मगध के बारह प्रतिष्ठित ब्राह्मणों और अपने वरिष्ठ मन्त्रियों को लेकर महाराज वन में पहुंचे। तथागत का सत्कार किया, उनसे उपदेश श्रवण किया।

मगध का राज्य तीन सौ योजन विस्तृत था। मगधराज बिम्बसार, कोशलराज प्रसेनजित के बहनोई थे। उनके पुत्र का नाम अजातशत्रु था। बिम्बसार के पिता ने अपने पुत्र का पन्द्रह वर्ष की आयु में राज्याभिषेक किया था। यह कहा जाता है कि बिम्बसार आयु में तथागत से पांच वर्ष कनिष्ठ थे। तथागत के जीवन काल में बिम्बसार ने पैंतीस वर्ष तक मगध पर राज्य किया था। तदन्तर उनके पुत्र अजातशत्रु ने भी तथागत के जीवनकाल में ही आठ वर्ष तक राज्य किया था। अजातशत्रु के आठवें वर्ष के राज्यकाल में तथागत को निर्वाण प्राप्त हुआ था। उसके बाद सी अजातशत्रु ने चौंतीस वर्ष तक राज्य किया था।

मगधवासी उरुवेल काश्यप को भगवान तथागत के आश्रम में देखकर आश्चर्य चकित हो रहे थे। तथागत ने मगधवासियों की शंका का निवारण करते हुए बताया कि उन्होंने बौद्ध धर्म स्वीकार कर लिया है। तथागत ने मगध की राजधानी से पधारे बारह ब्राह्मण तथा गृहपतियों को भी उपदेश किया। ऐसा माना जाता है कि तथागत के उपदेश और उरुवेल काश्यप के शिष्यत्व ग्रहण कर लेने से अनेक गृहपति प्रभावित हुए और उन्होंने भी तथागत का धर्म स्वीकार किया।

उपदेश श्रवण के अनन्तर महाराज बिम्बसार ने तथागत से अगले दिन अपने प्रसाद में भोजन के लिये आमन्त्रित किया। कार्यक्रमनुसार तथागत दूसरे दिन अपने एक सहस्र शिष्यों के साथ बिम्बसार के प्रसाद में भिक्षाटन के लिये पधारे। भोजनोपरान्त बिम्बसार ने तथागत को अपने वेणुवन में निवास की प्रार्थना की जिससे कि वे जनाकीर्ण स्थान से दूर रहें और जन-जन की पहुंच के भीतर भी रह सकें। उस दिन बिम्बसार ने वह वेणुवन भिक्षु संघ को दान कर दिया।

महाराज बिम्बसार द्वारा प्रदत्त वेणुवन पहला दान था, पहली सम्पत्ति थी, जिसे भिक्षु संघ ने स्वीकार किया था।

राजप्रसाद के निकट ही वेणुवन में तथागत ने निवास किया। बिम्बसार की एक महारानी का नाम थ क्षेमा। वह शाकल अर्थात् स्यालकोट के राजा की कन्या थी। क्षेमा अत्यन्त रूपवती थी। न केवल इतना अपितु क्षेमा को अपने रूप पर गर्व भी था। उसके सौन्दर्य की मगध में ख्याति थी। बिम्बसार का भी अपनी इस रानी पर बड़ा स्नेह था।

राजप्रासाद के सभी जन कभी न कभी एक बार अवश्य की तथागत के दर्शन करने के लिये गये थे, किन्तु रानी क्षेमा नहीं गई। उधर राजा बिम्बसार की तथागत पर असीम श्रद्धा हो गई थी। वह नित्य प्रति तथागत के उपदेश सुनने के लिये जाया करते थे। तथागत सदा ही रूप की निन्दा किया करते थे। क्षेमा को रूप पर गर्व था। किन्तु एक दिन गायकों के मुख से उसने वेणुवन की बहुत ही प्रशंसा सुनी तो उसकी इच्छा वेणुवन देखने की हो आई। वह वेणुवन गई। राजा ने अपने सेवकों को निर्देश दिया था कि क्षेमा वेणुवन मे जाकर भगवान तथागत के दर्शन अवश्य करे। जिस समय क्षेमा वहां गई थी, संयोग से तथागत उस समय वेणुवन में नहीं थे। सेवकों ने रानी को वहां रोक लिया, विवश होकर रानी को रुकना पड़ा। राजघराने की महिला एकाकी तो कहीं आ-जा सकती नहीं थी।

जब तथागत वेणुवन में वापस लौटे तो उन्होंने रानी क्षेमा को देखा। रानी ने अनुभव किया कि तथागत पर उसके रूप का कोई प्रभाव नहीं है। वे अन्य जनों की भांति बरबस उसके रूप की प्रशंसा नहीं कर रहे थे। उसके मन में भी तथागत के प्रति उपेक्षाभाव उमड़ आया। तथागत उसके मनोगत भावों को जान कर मुस्कुरा उठे।

ऐसी किंवदन्ति है कि तथागत ने अपने योगबल से क्षेमा से भी अधिक रूपवती एक परिचारिका की सृष्टि की और वह कामिनी तथागत के पीछे खड़ी होकर तथागत पर पंखा झलने लगी। क्षेमा ने उस अनिन्द्य सुन्दरी को देखा तो उसका गर्व चूर-चूर हो गया। वह कल्पना भी नहीं कर सकती थी कि तथागत इतनी सुन्दर युवती से घिरे हो सकते हैं।

क्षेमा ग्लानि का अनुभव करने लगी।

उस अवस्था में तथागत ने क्षेमा को उपदेश किया और उसे बताया कि यह शरीर सदा स्थिर रहने वाला नहीं हैं और न ही इसका रूप एवं यौवन स्थिर रहता है। आयु के साथ शरीर जर्जरित और व्याधि ग्रस्त होकर कुरूप बन जाता है। इस रूप यौवन पर गर्व करना व्यर्थ है।

क्षेमा को अपनी भूल का आभास मिला। उसने तथागत को प्रणाम किया। उस दिन क्षेमा

ने भी भिक्षु धर्म स्वीकार कर लिया।

राजगृह के समीप दो उपनगर थे। एक का नाम था उपतिष्य और दूसरे का नाम था कोलित।

उपतिष्य नगर में रूपक्षी नाम की एक ब्राह्मणी रहती थी। उसने एक पुत्र को जन्म दिया और उसका नाम रखा सारिपुत्र।

कोलित नगर में मोग्गलि नाम की ब्राह्मणी रहती थी। उसने भी एक पुत्र को जन्म दिया था और उसका नाम रखा था मौद्‌गलायन।

दोनों ही अपने-अपने कुटुम्ब के कर्ता के पुत्र थे। अतः उन दोनों के नाम क्रमशः उपतिस्स और कोलित पड़ गये। दोनों का भली प्रकार लालन-पालन और शिक्षा-दीक्षा हुई। दोनों में परम्पर बड़ी मित्रता हो गई थी।

पारिवारिक सभी प्रकार की सुख-सुविधा उपलब्ध होने पर भी दोनों का मन शनैः शनैः संसार से विरक्त होने लगा। जब यह विरक्ति बढ़ती गई तो एक दिन उन दोनों ने भी तथागत की शरण में जाकर प्रव्रज्या ग्रहण करने की ठान ली। इसी प्रसंग में सारिपुत्र को भिक्षाटन करते हुए भिक्षु अश्वजित मिल गये। सारिपुत्र उनके पास गया और उनके उपदेश ग्रहण किया।

सारिपुत्र को इससे बड़ी प्रसन्नता हुई तो उसने अपनी प्रसन्नता का वर्णन मौद्‌गलायन से करने का विचार किया और जब वह उसके पास गया तो उसे प्रसन्न देख मौद्‌गलयान ने इसका कारण जानना चाहा। सारिपुत्र ने सब कुछ विस्तार से बताया। दोनों की इच्छा तथागत के पास जाने की हुई।

जब सारिपुत्र और मौद्‌गलायन वेणुवन के निकट पहुंचे तो तथागत ने अपने योगबल से उनका आना देखा और अपने शिष्यों को कहा, "भिक्षुओ! दो मित्र आ रहे है।"

दोनों ने समीप पहुंच कर तथागत को प्रणाम किया और बोले, "भन्ते! हमें प्रव्रज्या प्राप्त हो, उपसम्पदा प्राप्त हो।"

भगवान ने उन्हें प्रव्रज्या प्रदान की, उपसम्पदा प्रदान की।

विचित्र विवाह

मगध के महातीर्थ ग्राम में पिप्पली नाम का एक व्यक्ति था। कालान्तर में वह बहुत प्रसिद्ध हुआ था। उसका पिता कपिल ब्राह्मण था। कपिल की ज्येष्ठ भार्या से पिप्पली का जन्म हुआ

था। कहते हैं कि उनके शरीर पर महापुरुषों के बत्तीस लक्षणों में से सात लक्षण विद्यमान थे।

मद्रा नाम की एक कन्या थी। वह कपिल अर्थात् मद्रदेश की थी। पिप्पली जब बीस वर्ष का युवक हुआ उस समय मद्रा जिसका एक नाम कपिला भी था, सोलह वर्ष की हो गई थी। इस प्रकार दोनों की आयु विवाह के योग्य हो गई थी। पिप्पली के पिता ने अपने पुत्र से विवाह की बात की तो पुत्र ने कहा कि जब तक वे अर्थात् उसके माता-पिता जीवित हैं वह अविवाहित रह कर ही उनकी सेवा करना चाहता है। पिता को इससे निराशा हुई। किन्तु उन्होंने साहस नहीं छोड़ा। कुछ उपरान्त उन्होंने पुनः पुत्र से विवाह की चर्चा की तो पुत्र ने अपना पहला उत्तर दोहरा दिया।

अब पिता के साथ माता ने भी आग्रह करना आरम्भ कर दिया। पिप्पली ने एक उपाय सोचकर एक सोलह वर्ष की स्वर्णमण्डित प्रतिमा बनवाई। रत्नाभूषणों ने अलंकृत किया। माता ने जब पुनः आग्रह किया तो उसने कहा कि उसने अपने मन में अपने लिये एक विशिष्ट प्रकार की कन्या का चयन किया है, वह वैसी कन्या के साथ ही विवाह करेगा।

माता को इससे बड़ी प्रसन्नता हुई। उसने कन्या देखने का आग्रह किया। पिप्पली ने अपनी माता को वह स्वर्णरचित कन्या दिखाई और कहा कि उसके वैसी कोई कन्या मिल जाये तो उससे उसका विवाह रचा दे। माता ने भी कह दिया कि हां, वह कैसी सुन्दर कन्या से ही उसका विवाह रचायेगी।

पिप्पली की माता ने अपने कुल पुरोहित सहित अनेक ब्राह्मणों को आमन्त्रित किया, उनका स्वागत सत्कार करने के उपरान्त उन्हें वह स्वर्ण प्रतिमा दिखाई और कहा कि उसका पुत्र वैसी कन्या से विवाह करना चाहता है। उसने ब्राह्मणों से आग्रह किया कि वे उसके लिये कोई तदनुरूप कन्या की खोज कर दें।

ब्राह्मण लोगों को विदित था कि मद्र देश की कन्यायें बड़ी रूपवती होती हैं। बिम्बसार की रानी क्षेमा की चर्चा पिछले पृष्ठों पर कर आये हैं, वह भी मद्र देश की ही थी। ब्राह्मणों का रथ मद्र देश को चल पड़ा। शाकल नगर अर्थात् सियालकोट पहुंच कर जलाशय के निकट विश्राम करने का निश्चय कर उसके एक ओर को उन्होंने वह स्वर्ण प्रतिमा रख दी। स्वयं वे लोग एक ओर को हट कर बैठ गये।

यह संयोग की ही बात थी कि उस जलाशय पर जो युवती सबसे पहले आई, मद्रा ही थी। मद्रा अपनी धात्री के साथ जलाशय पर आई थी। धात्री ने उसे स्नान करा कर उसका श्रृंगार किया और श्रीगर्भ में उसको बैठाकर वह स्वयं भी जलाशय में स्नान करने चली गई।

धात्री ने तटपर प्रतिमा देखी तो उसे मद्रा पर क्रोध आ गया। उसने उस प्रतिमा को मद्रा समझ कर उसको डांटते हुए कहा कि वह कैसी लड़की है, उसे तो उसने श्रीगर्भ में विश्राम करने के लिये कहा था, वह यहां आकर क्यों खड़ी हो गई।

धात्री ने मुख से ही क्रोध नहीं जताया, अपितु उसने प्रतिभा की पीठ पर एक धौल भी जमा दिया। किन्तु यह क्या ? इससे तो धात्री का हाथ ही झनझना गया। उसने ऊपर से नीचे तक प्रतिभा को देखा। वह स्वर्णमयी प्रतिमा थी। धात्री कहने लगी, ऊंह। यह प्रतिभा। यह तो मेरी मद्रा की दासी ने समान भी नहीं है।

ब्राह्मणों ने यह सब सुना तो वे उसके समीप आ कर पूछने लगे कि क्या उसके स्वामी की कन्या इस प्रतिमा से भी अधिक सुन्दर है। धात्री का सुनना था कि उसने मद्रा के रूप सौन्दर्य के पुल बांधने आरम्भ कर दिये। अन्त में बोली कि यदि उन्हें इस पर विश्वास न हो तो वे स्वयं चल कर देख लें।

ब्राह्मण चलने के लिये तैयार हो गये। धात्री ने उन्हें अता-पता बना दिया।

धात्री ने स्नान किया और मद्रा को लेकर घर जा पहुंची। उसने मद्रा के पिता को ब्राह्मणों के आने के विषय में भी बता दिया। ब्राह्मण आये। गृहपति ने बाहर निकल कर उनका स्वागत सत्कार किया। उनका कुशल समाचार पूछा। और फिर अन्त में उनके आगमन का प्रयोजन जानने की उत्कण्ठा व्यक्त की।

ब्राह्मणों ने सविस्तार अपना परिचय दिया और अन्त में अपने आने का प्रयोजन भी बता दिया। इसके साथ ही उन्होंने कपिल ब्राह्मण के कुल गोत्र और धन-सम्पदा के विषय में भी विस्तार से बता दिया।

मद्रा के पिता कौशिक ब्राह्मण ने बहुत विचार किया। उसे विचार मग्न देख मगध ब्राह्मणों ने कहा कि यदि सम्बन्ध स्वीकार हो जाये तो यह स्वर्ण प्रतिमा प्रतिभूत के रूप में रख दी जाये। कौशिक ब्राह्मण को लगा कि सम्बन्ध करणीय है, अतः उसने स्वीकृति दे दी।

मगध ब्राह्मणों को इससे अपार प्रसन्नता हुई और उन्होंने कपिल ब्राह्मण को सूचना भेज दी कि कन्या प्राप्त हो गई है, आगे जो करणीय हो वह करें।

समाचार पा कर पति-पत्नी दोनों को अपार हर्ष हुआ। उन्होंने पिप्पली को समाचार दिया। पिप्पली मन ही मन उदास हो गया। उसने सोचा कि उसका उपाय तो निष्फल हो गया है।

अन्य कोई उपाय ने देख पिप्पली ने सीधे मद्रा को पत्र लिख दिया कि उसका विचार तो माता-पिता के जीवित रहते उनकी सेवा करने का और तदुपरान्त प्रव्रज्या ग्रहण करने का है।

इसलिये वह विवाह से पूर्व ही यह बात लिख रहा है जिससे कि मद्रा अपने विषय में विचार कर ले।

मद्रा को पत्र मिला तो वह भी उदास हो गई। मद्रा स्वयं भी कदाचित विवाह करना नहीं चाहती थी। उसके मन में प्रव्रज्या ग्रहण करने की थी। उसने भी पिप्पली की ही भांति उसको पत्र लिख दिया कि उसका विचार विवाह करने का नहीं अपितु प्रव्रज्या ग्रहण करने का है।

यह संयोग की ही बात थी कि दोनों पत्र वाहकों की मार्ग में भेंट हो गई। एक दूसरे ने परस्पर पूछा कि कौन कहां और किस प्रयोजन से जा रहा है। दोनों के गन्तव्य और प्रयोजन को जानकर दोनों बड़े आश्चर्य चकित हुए। वे परस्पर एक दूसरे के स्वामी के पास जा रहे थे और दोनों का प्रयोजन पत्र पहुंचाना था। दोनों ने परस्पर मन्त्रणा की कि आखिर विवाह से पूर्व इन दोनों ने परस्पर एक दूसरे को क्या लिखा है, यह जानना चाहिये। दोनों ने पत्र खोल कर पढ़ लिये।

जब विदित हुआ कि दोनों ही प्रव्रज्या लेने के इच्छुक है तो उनको अच्छा नहीं लगा। उन्होंने उन पत्रों को फाड़ दिया और उनके स्थान पर दो प्रेम पत्र लिखे गये, जिनसे विदित होता था कि दोनों एक दूसरे पर न्योछावर हैं और शीघ्र विवाह करना चाहते है। दोनों अपने-अपने स्थान पर चल दिये।

विधि का विधान कि इच्छा न होने पर भी मद्रा और पिप्पली का परस्पर विचार हो गया। उन दोनों को सुख सन्तोष का अनुभव भले ही न हुआ हो किन्तु दोनों के माता-पिता परम प्रसन्न थे। उन्होंने दम्पति के सुखी रहने का हर सम्भव उपाय किया किन्तु पति-पत्नी पर इस सबका कोई प्रभाव नहीं हुआ। वे काम की ओर प्रवृत्त नहीं हो सके।

सुहागरात के पूर्व दोनों, पति-पत्नी, ने एक एक माला बनवाई। युवक के साथियों ने और कन्या की सखियों ने दोनों से परस्पर खूब हंसी मजाक किया। शयन कक्ष को उत्तम प्रकार से सजाया गया था।

मद्रा आई, उसने शय्या के मध्य में फैली माला देखी। आश्चर्य हुआ। उसने भी उस माला के बराबर में अपनी माला फैला दी मानो उन दोनों मालाओं के लिये ही शय्या लगी हो। वह भी चुपचाप लौट गई।

रात्रि ने भोजनोपरान्त पिप्पली अपने शयन कक्ष में आया। उसके पीछे मद्रा भी आई। पिप्पली शय्या के दाहिनी और लेट गया और भद्रा उसके बाईं ओर लेट गई। उन दोनों के मध्य में दो मालायें सीमा रेखा की भांति पड़ी रहीं, दोनों के शरीर का स्पर्श नहीं हुआ। इस प्रकार

अनेक रात्रि तक वे इसी प्रकार नित्य प्रति शयन के लिये आते और प्रातःकाल उठकर चले जाते। परस्पर वार्तालाप भी नहीं करते थे।

समय बीतता गया। पिप्पली के माता-पिता का देहावसान हो गया। पिप्पली अपार सम्पति का स्वामी था। मद्रा दहेज में अपार सम्पत्ति लाई थी, किन्तु किसी को उससे कोई मोह नहीं रह गया था। दोनों ने संन्यास लेने का निश्चय किया और तदनुरूप वस्त्र आदि मंगवा लिये। दोनों ने विश्व के अर्हतों को लक्ष्य कर प्रव्रज्या ग्रहण की और और दोनों भिक्षुक बन कर उस घर से बाहर निकल गये। तथागत के पास जाकर दोनों ने प्रव्रज्या लेने का संकल्प किया। तथागत ने पिप्पली को और गौतमी ने मद्रा को प्रव्रज्या दी।

इस प्रकार तथागत के शिष्यों की संख्या में वृद्धि होती गई। संघ संगठित होता गया।

4

कपिल वस्तु में पितृ-मिलन

राजकुमार सिद्धार्थ जो अब भगवान एवं तथागत के नाम से विख्यात हो चुके थे। उनको कपिलवस्तु से आये छः वर्ष बीत गये थे। राजा शुद्धोदन को पुत्र से मिलने की लालसा उठी। उन्होंने अपने विश्वस्त आमात्य को बुलाकर कहा कि राजकुमार सिद्धार्थ राजगृह के वेणुवन में निवास कर रहे है, वे उनके पास जाकर उनसे कहें कि महाराज उनके दर्शनों के लिये लालायित हैं, अतः एक बार कपिलवस्तु में आकर दर्शन दे जायें।

महाराज शुद्धोदन ने इस प्रकार का एक अधिकार पत्र भी आमात्य को लिख कर दे दिया। आमात्य ने सदलबल राजगृह के लिये प्रस्थान किया। साठ योजन की यात्रा पूर्ण कर वे समय पर राजगृह पहुंचे। वेणुवन के निकट भिक्षुक और भिक्षुणियों की अपार भीड़ देखी। स्वयं तथागत भिक्षु-भिक्षुणियों के मध्य उन्हें उपदेश कर रहे थे। आमात्य ने भी उपदेश सुना और उससे प्रभावित होकर उसने भी प्रव्रज्या ग्रहण की और वहीं रह गया। उसने पत्र देने का विचार ही छोड़ दिया। प्रव्रज्या के उपरान्त क्या आमात्य सदृश उच्च अधिकारी को भी सामान्य औपचारिकता से भी परहेज करना उचित था ?

यों बहुत दिन बीत गये। कपिलवस्तु में राजा शुद्धोदन को चिन्ता होने लगी कि आमात्य को गये आवश्यकता से अधिक समय बीत गया है, न वे स्वयं लौटे, न राजकुमार का कोई समाचार मिला और न उनके पत्र का ही कोई उत्तर आया। राजा ने एक अन्य पत्र देकर दूसरे आमात्य को भेजा। वह भी राजगृह में उसी प्रकार पहुंचा और तथागत के उपदेश से प्रभावित होकर प्रव्रजित हो गया। पत्र उसके पास ही रह गया। तथागत तक उसने भी पत्र नहीं पहुंचाया। देखिए तथागत की लीला।

राजा को पुनः चिन्ता हुई। उसने एक अन्य आमात्य को पुनः पत्र देकर भेजा। इस प्रकार

एक के बाद एक-एक करके राजा ने नौ अमात्यों को राजगृह भेजा। किन्तु फिर भी न कोई पत्र का उत्तर लेकर लौटा और न किसी ने कोई समाचार ही भेजा। इससे राजा की चिन्ता का पारावार नहीं रहा।

अन्त में राजा शुद्धोदन ने सिद्धार्थ के बालसखा काल उदायी को राजगृह भेजा। काल उदायी राजा का अत्यन्त विश्वासपात्र भी था। राजा ने काल उदायी से कहा कि उनका अन्त समय निकट आ रहा है। मरने से पूर्व वे एक बार पुत्र का दर्शन करना चाहते हैं। काल उदायी जाने के लिये तो उद्यत हो गया, किन्तु उसने एक शर्त रखी कि उसको भी राजा की ओर से प्रव्रज्या की अनुमति मिल जाये, तभी वह सिद्धार्थ को कपिलवस्तु ला सकता है। राजा ने स्वीकृति दे दी। वे पुत्र दर्शनों के लिये इतने लालयित थे कि उनका विवेक जाता रहा था।

काल उदायी राजगृह गया। वेणुवन में पहुंचा तो देखा कि तथागत उपदेश कर रहे थे। उदायी प्रभावित हुआ। वह भी प्रव्रजित हो गया। किन्तु उसने भी तथागत को कपिलवस्तु चलने के लिये कुछ नहीं कहा।

उदायी को कपिलवस्तु से गये पांच मांस बीत गये थे। तब तक फाल्गुन पूर्णिमा आ गई थी। उदायी ने सोचा कि इस समय मार्ग साफ होगा। फसल कट गई होगी। अतः उसने महाराज का पत्र तथागत को देने का निश्चय किया।

काल उदायी तथागत के पास पहुंचा और उसने सारी स्थिति का वर्णन किया। उसका अभिप्राय था कि एक स्थान पर रहते हुए बहुत समय बीत गया है, अब धर्म प्रचार के लिये बाहर निकलना भी आवश्यक होगा। उसने बताया कि यह ऋतु न तो शीत है और न उष्ण। वर्षा भी दूर है अतः इस ऋतु में यात्रा सुखदायी होगी।

तथागत ने सुना और भिक्षु संघ को यात्रा की तैयारी के लिये कह दिया।

विचित्र संयोग

मगध के कुलपुत्रों, कपिलवस्तु के अमात्यों तथा असंख्य शिष्यों के साथ तथागत राजगृह से बाहर निकले। प्रतिदिन एक योजन की यात्रा होती थी। राजगृह से कपिलवस्तु 60 योजन की दूरी पर थी। मन्द गति से यात्रा चलती रही। कुछ शिष्य आगे बढ़ कर कपिलवस्तु पहुंचे और वहां पर न्यग्रोध वन में तथागत के निवास की व्यवस्था की। तथागत के कपिलवस्तु पहुंचने पर राजधानी के नागरिकों ने उनका स्वागत किया। सारा नगर अपने राजकुमार को भिक्षु रूप

से देखने के लिये उस वन की ओर दौड़ पड़ा।

राजभवन में जब समाचार पहुंचा तो राहुल की माता बड़ी व्यग्र और व्याकुल-सी हो गई। उसने जब यह सुना कि राजकुमार ने काषाय वस्त्र धारण कर लिये है तो उसको बड़ा दुख हुआ। राजकुमार चीवर धारण करें, यह उसकी समझ में आ ही नहीं रहा था। उसकी आंखों से आंसू छलछला आये।

पिता अपने पुत्र से मिलने के लिये आगे बढ़े। दोनों आमने सामने हुए। पिता से मिलने के लिये पुत्र दौड़ कर आगे को नहीं भागा। राजा ने देखा कि अपने ही राज में उनका पुत्र भिक्षा पात्र हाथ में लिये सम्मुख खड़ा है। उन्होंने भिक्षा पात्र छीन लिया और कहने लगे कि क्या अपने ही राज में वह भिक्षुक बन कर खड़ा रहेगा। पुत्र निर्विकार खड़ा रहा। राजा ने फिर कहा कि उनका पुत्र उनके ही राज्य में उनको लज्जित कर रहा है। पुत्र पुनरपि निर्विकार खड़ा रहा।

राजा ने लपक कर पुत्र को गले लगाना चाहा, किन्तु उसकी भव्य मूर्ति देखकर आगे बढ़ने का साहस नहीं हुआ।

राजा ने भिक्षुक से कहा, "चलो, राजभवन में चलो। अपने शिष्यों को भी ले चलो वहीं भोजन की व्यवस्था है।"

तथागत चुपचाप चलते गये। शिष्यों के अनुगमन किया। तथागत ने राजभवन में भोजन किया। समस्त पुरवासी क्रमशः राजकुमार के दर्शनों के लिये आये। किन्तु नहीं आई तो केवल एक राहुल माता यशोधरा नहीं आई।

परिजनों ने राहुल माता को बहुत समझाया किन्तु पत्नी का गर्व नत नहीं हुआ। पिता ने पुत्र से कहा कि वे राहलु माता के पास जाये। पुत्र यशोधरा के कक्ष की ओर बढ़ा किन्तु शिष्यों से कहा कि वे शान्तभाव से सब कुछ देखते रहे।

सात वर्ष के उपरान्त पत्नी ने पति के दर्शन किये थे। पत्नी चरणों में गिर गई। राजा भी साथ-साथ आये थे। उन्होंने सिद्धार्थ को बताया कि यशोधरा ने जब सुना कि सिद्धार्थ ने काषाय वस्त्र धारण कर लिये है तो उसने भी काषया वस्त्र धारण कर लिये। उसने सुना कि सिद्धार्थ एकाहारी है तो उसने भी एकाहार करना आरम्भ कर दिया। यशोधरा ने सुना कि सिद्धार्थ ने आभूषणों का त्याग कर दिया है तो उसने भी आभूषण त्याग दिये सात वर्ष से निरन्तर पितृगृह वाले इसे बुलाते रहे हैं, किन्तु यह पति की प्रतीक्षा में यही बैठी है।

राजा ने सस्मित अपनी पुत्रवधू को देखा।

तथागत अकस्मात उठे और शयनकक्ष से बाहर चले गये।

राजा और यशोधरा दोनों एक दूसरे को देखते रह गये। दोनों स्तम्भित थे।

समय बीतता गया।

अन्त में महाराज शुद्धोदन और उनकी पुत्रवधू यशोधरा ने भी दीक्षा ली। महारानी का तो सिद्धार्थ के जन्म से सात दिन उपरान्त ही देहावसान हो गया था।

तथागत को कपिलवस्तु में रहते तीन दिन हो गये थे। उस दिन उनके विमातृ भाई नन्द का जन्म दिन, अभिषेक मुहूर्त थे और विवाह मुहूर्त थे। तीनों शुभ कार्य एक ही दिन में सम्पन्न होने वाले थे। तथागत के संन्यस्त होने के उपरान्त वहीं कपिलवस्तु का राज्याधिकारी था।

तथागत भिक्षा के लिये राजभवन में गए, भिक्षा ग्रहण की। बाहर लौटे। नन्द साथ में चल रहा था। तथागत ने भिक्षा पात्र उसके हाथ में पकड़ा दिया था। तथागत आगे-आगे चलते गये, नन्द पीछे चलता रहा। न तथागत ने उसके हाथ से भिक्षा पात्र वापस लिया और न नन्द ने ही देने का साहस जुटाया। उसने सोचा कि वे स्वयं ही आगे चल कर भिक्षा पात्र उससे ले लेंगे।

तथागत आगे आगे चलते रहे और कुमार उनके पीछे-पीछे चलता रहा। राजभवन का प्रांगण भी पार हो गया। जब पुरवासियों ने कुमार को इस प्रकार भिक्षा पात्र ले जाते हुए देखा तो उन्हें सन्देह होने लगा कि कहीं तथागत उसको भी तो प्रव्रज्या नहीं दिला रहे हैं ?

पुरवासी नन्द की मंगेतर जनपद कल्याणी के पास गये और उससे सारी कथा कहीं। वह उस समय स्नान करने के उपरान्त अपना श्रृंगार कर रही थी। उसे भी अन्यान्य युवतियों की भांति अपने रूप सौन्दर्य पर बड़ा गर्व था।

जनपद कल्याणी ने सुना तो वह सब कुछ उसी प्रकार छोड़ कर दौड़ कर अपनी खिड़की के पास आकर खड़ी हो गई। और उसने देखा कि नीचे राजमार्ग पर तथागत आगे-आगे चल रहे है और भिक्षा पात्र हाथ में लिये नन्द उनके पीछे चल रहा है।

जनपद कल्याणी खिड़की पर से ही चिल्लाई, "आर्यपुत्र! आर्यपुत्र! यह क्या कर रहे हैं ? शीघ्र लौट जाइये।"

कुमार ने जनपद कल्याणी की ओर देखा। साथ चल रहे भिक्षुओं तथा पुरवासियों ने भी जनपद कल्याणी को देखा। कुमार की दृष्टि में उसके लिये स्नेह था। किन्तु शील एवं संकोचवश उसने न तो तथागत से पात्र लेने के लिये कहा और न ही वह कल्याणी को कुछ कह सका।

तथागत अपने विहार में पहुंचे। तब भी उन्होंने नन्द के हाथ से भिक्षा पात्र नहीं लिया। वे अपने आसन पर विराजमान हुए। भिक्षा पात्र लिये नन्द एक ओर को खड़ा रहा।

तथागत ने नन्द से कहा, "प्रव्रज्या ग्रहण करोगे ?"

न जाने कैसे ? नन्द के मुख से नहीं न निकल सका।

तथागत ने पुनः पूछा - "प्रव्रज्या लोगे ?"

उसके मुख से अनायास निकल गया, "हाँ"।

जिसके सिर पर मुकुट सुशोभित होने वाला था, उसके केश काट डाले गये। वस्त्राभूषणों के स्थान पर चीवर डाल दिये गये। नन्द प्रव्रजित हो गया।

साधना कठिन होती है। नन्द को रह-रह कर अपनी होने वाली पत्नी का स्मरण हो आता था, साथी शिष्य नन्द को लज्जित करने लगे। उसकी निन्दा होने लगी। तथागत को विदित हुआ। वे यात्रा पर चल दिये, नन्द साथ था।

हिमालय के मार्ग में सहसा एक जली हुई बन्दरिया दिखाई दी। तथागत ने नन्द से पूछा कि क्या जनपद कल्याणी उस बन्दरिया से भी अधिक सुन्दर थी ? नन्द ने बताया कि वह इससे सुन्दर थी। तथागत ने कुछ भी नहीं कहा, वे चलते रहे।

तथागत समय-समय पर नन्द को शिक्षित करते रहते थे। उसका सुपरिणाम हुआ। कालान्तर में नन्द सभी सांसारिक लिप्साओं से अलिप्त हो गया और उसने अर्हत पद प्राप्त कर लिया।

तथागत के शिष्य नन्द में हुए इस परिवर्तन से आश्चर्य चकित थे।

बालक संन्यासी

क्या वास्तव में तथागत ने छलात् ऐसा किया होगा ? बौद्ध साहित्य इसकी पुष्टि करता है।

तथागत को कपिलवस्तु में आये सात दिन हो चुके थे। कुमार नन्द प्रव्रजित हो चुका था। इससे राजा शुद्धोदन को बड़ा आघात-सा लगा था। कपिलवस्तु की प्रजा भी व्यथित थी। वह राजा विहीन हो रही थी।

यशोधरा चाहती थी कि तथागत कुछ दिनों तक कपिलवस्तु में रहें। इसी निमित्त उनके दर्शन होते रहेंगे। उन्होंने मन में एक उपाय विचार किया। अपने पुत्र राहुल को समीप बुलाया। उस समय उसकी आयु सात वर्ष की थी। उससे कहा कि क्या वह अपने पिता के पास जाना चाहेगा ? राहुल ने जाने की इच्छा व्यक्त की।

उस दिन तथागत भिक्षा के लिये राजभवन आये थे। शिष्यों के मध्य में विराजमान थे कि

यशोधरा ने राहुल को सिखा पढ़ा कर उनके पास भेजा। राहुल को देखकर एक बार तो तथागत भी मुस्कुरा उठे। उन्हें विदित हो गया कि यह यशोधरा से उत्पन्न उनका ही पुत्र है। किन्तु बोले कुछ नहीं।

राहुल को देखकर तथागत वहाँ अधिक समय तक बैठे नहीं रह सके। वे उठ कर चल दिये। राहुल उनके पीछे चला। तथागत आगे-आगे रहे, राहुल उनके पीछे-पीछे चलता हुआ अपनी माता के सिखाये वचन बोल रहा था। "पिता मुझे मेरा प्राप्तव्य दो।"

वन में पहुंच कर तथागत ने सारिपुत्र से कहा, "इसे प्रव्रज्या दो।"

सारिपुत्र जब राहुल को प्रव्रज्या देने लगा तो राहुल ने पूछा, "यह क्या ?"

सारिपुत्र ने कहा, "यही तेरा दायज है। पिता तुम्हें यही सम्पति दे रहे हैं।"

इस प्रकार एक मात्र बचा राजकुमार राहुल भी दीक्षित कर लिया गया। सात वर्ष की आयु का राहुल क्या तो प्रव्रज्या के विषय में जानता था और क्या भिक्षा आदि के विषय में। उसके तो अभी खाने खेलने और विद्या ग्रहण करने के दिन थे। किन्तु उसे संन्यासी बना लिया गया।

राजा शुद्धोदन को राहुल के प्रव्रजित होने की बात विदित हुई तो वे व्यथित हो उठे। वे तथागत के विहार में पहुंचे। देखा तथागत बैठे हैं। उनके समीप ही भिक्षा पात्र लिये नन्द और राहुल बैठे है। शुद्धोदन की आंखें भर आईं। वह अपने दोनों पुत्रों और एक मात्र पौत्र का रूप देख नहीं पा रहे थे। किन्तु उन तीनों भिक्षुओं के लिये शुद्धोदन सर्वथा अपरिचित और अजनबी जैसे थे।

क्या सात वर्ष के बालक राहुल के लिये भी ? किन्तु बौद्ध साहित्य तो इससे अन्यथा कुछ कहता ही नहीं। सात वर्ष का राहुल भी स्वयं को प्रव्रजित देखकर प्रसन्नता प्रकट करता था।

राजा शुद्धोदन अपने प्रव्रजित पुत्र सिद्धार्थ के आगे रोये-गिड़गिड़ाये। उन्हें बड़ा आघात लगा था। उन्होंने सिद्धार्थ से एक ही बात कही, "तथागत ! मेरी विनती है। माता-पिता के जीवन काल में, बिना उनकी अनुमति के उनकी सन्तानों को प्रव्रजित न किया जाये।"

तथागत ने राजा को समझाया, धर्म उपदेश किया। राजा व्यथित मन से वापस चले गये।

राजा के चले जाने के उपरान्त तथागत ने अपने भिक्षुओं को एकत्रित किया, उन्हें उपदेश किया और अन्त में कहा, "भिक्षुओ! भविष्य में जीवित माता-पिता की बिना अनुज्ञा उनकी सन्तान को प्रव्रजित न किया जाये।"

राहुल की अठारह वर्ष की आयु तक महाकश्यप स्थविर उसे उपदेश करते रहे, शिक्षित करते रहे।

राहुल की आयु अठारह वर्ष की हुई। तथागत ने राहुल को राहुलोवाद तथा राहुल सुत की शिक्षा दी। तथागत ने जब देखा कि राहुल की बुद्धि परिपक्व हो गई है तो वे उसको लेकर गहन वन में प्रविष्ट हो गये। वहां दोनों ने तपस्या की और तब वहां पर उन्होंने राहुल को चूल्ल राहुलोवाद सुत का उपदेश किया।

बौद्ध साहित्य में यह कथा प्रचलित है कि राहुल की साधना इतनी बढ़ गई थी कि वे बारह वर्ष तक सोये नहीं, निद्रा देवी जैसे भूल गई थी।

तथागत के अन्य भाई आदि देवदत्त, अंगुलिमाल, धनपाल भी प्रव्रजित हो गये थे। राहुल के समान ही तथागत उनसे भी स्नेह करते थे।

इसका वर्णन भी बौद्ध ग्रन्थों में ही प्राप्त है। प्रव्रज्या ग्रहण करने के उपरान्त सामान्यतया अपने पराये का भेद नहीं रहता। किन्तु महावग्ग, थेरगाथा, मन्जिम निकाय आदि आदि बौद्ध ग्रन्थों में स्पष्ट उल्लेख है कि तथागत का, जिन्हें वे ग्रन्थ 'भगवान' के नाम से सम्बोधित करते हैं, अपने पुत्र राहुल तथा विमातृ भ्राता नन्द, पितृव्य देवदत्त, अंगुलिमाल और धनपाल आदि में विशेष स्नेह रहता था।

राहुल की भद्रता के कारण उसका नाम 'राहुल भद्र' रख दिया गया था। बौद्ध ग्रन्थों में उल्लेख है-

"इस महान् आत्मा की मृत्यु सारिपुत्र तथा भगवान के महा परिनिर्वाण के पूर्व हो गई थी।

"और भगवान की पवित्र वाणी में भिक्षु श्रावकों में बीसवां स्थान प्राप्त शाक्य कपिलवस्तु सिद्धार्थ कुमार के पुत्र क्षत्रियकुलोत्पन्न राहुल श्रद्धाओं में प्रव्रजितों में अग्रसर हुऐ थे।

हम यह पहले ही बता चुके हैं कि न केवल नन्द और राहुल अपितु कपिलवस्तु के राजवंश के अन्य भी अनेक कुमार बुद्ध के धर्म में दीक्षित हो गये थे।

आनन्द की महत्ता

बुद्ध के अनुयायियों में आनन्द का विशेष स्थान है। आनन्द तथागत के चचेरे भाई थे। देवदत्त भी सिद्धार्थ के चचेरे भाई थे। देवदत्त का उल्लेख हम सिद्धार्थ के बाल्यकाल के प्रसंग में कर आये हैं। वही उपद्रवी और धूर्त माना जाने वाला देवदत्त कालान्तर में तथागत का पट्टशिष्य बन गया और तथागत की उस पर विशेष कृपा रहने लगी, इसका भी उल्लेख हम राहुल के प्रकरण में कर चुके है।

आनन्द के प्रति राजकुमार सिद्धार्थ का और कालान्तर में तथागत का अत्यन्त स्नेह रहा था। शाक्य अमृतोदन तथागत के सगे चाचा थे। महाराज शुद्धोदन के भाइयों के प्रसंग में भी हमने इसका उल्लेख किया है। आनन्द उनके ही पुत्र थे। आनन्द ने भी प्रव्रज्या ग्रहण की और मैत्रायणी पुत्र पुण्य से उपदेश ग्रहण किया।

यों समय बीतता गया। तथागत की आयु भी बढ़ती गई। आयु के साथ-साथ शरीर क्षय भी होता रहा। सात वर्ष की आयु तक भी तथागत ने किसी एक को उपस्थापक नहीं बनाया था। उपस्थापक का शाब्दिक अर्थ, अपने साथ-साथ रहने, चलने वाला होता है। कदाचित इससे सहायक का अभिप्राय हो सकता है। बौद्ध साहित्य में इस शब्द की व्याख्या नहीं की गई है।

एक दिन तथागत ने अपने शिष्यों से कहा कि वे वृद्धावस्था में पहुंच गये हैं। भिक्षु संघ कार्य कर रहा है, किन्तु तदपि भिन्न-भिन्न मति और बुद्धि के होने के कारण सबका एक दिशा में एक समान चलना सम्भव नहीं है। कोई किधर जाता है तो कोई किधर। मुझे अभी तक ऐसा कोई नहीं मिला, जिसे मैं अपना उपस्थापक बना सकूं ?

सब एक दूसरे का मुख देखने लगे।

सारिपुत्र ने अन्त में कहा, "भन्ते! मैं आपकी सेवा करूंगा। आपका उपस्थापक बनूंगा।"

तथागत ने स्वीकार नहीं किया।

एक एक कर अनेक भिक्षु उठे और उन्होंने अपनी सेवायें समर्पित कीं। किन्तु तथागत भी उसी प्रकार सबको अस्वीकार करते गये।

केवल आनन्द था, जो उठा नहीं। तब भिक्षुओं ने आनन्द से कहा, "आनन्द! आप अपनी सेवायें क्यों नहीं समर्पित करते ?"

आनन्द बोला, "मैं क्या कहूं ? यदि भगवान की इच्छा होगी तो वे स्वयं मेरी सेवा ग्रहण कर लेंगे।"

तथागत ने कहा, "भिक्षुओ! आप आनन्द से मत कहिये। यदि वे स्वयं विचार करते हैं। तो मेरे उपस्थापक हो सकते है।"

आनन्द ने खड़े होकर कहा, "मैं उद्यत हूं, किन्तु..."

"किन्तु क्या ?"

"इससे क्या लाभ होगा ?" इसके साथ ही आनन्द ने अन्य चार शर्तें भी रखीं कि उसको चुना हुआ चीवर नहीं दिया जायेगा, अपने भोजन में से भोजन नहीं दिया जायेगा, अलग गन्धकुटी में नहीं रहना होगा और न वह तथागत के लिये आमन्त्रित स्थान पर भोजन के लिये जायेगा।

"पर क्यों ?"

"जिससे कोई वह न समझ बैठे कि मैंने इन लाभों के लिये यह पद स्वीकार किया है।"

आनन्द ने और भी अनेक बातें कहीं, जिन्हें तथागत ने स्वीकार कर दिया और उस दिन आनन्द उपस्थापक के रूप में नियुक्त कर लिये गये। इसे क्या कहें ? भाई भतीजावाद ?

तदुपरान्त पचीस वर्ष तक अर्थात् तथागत के परिनिर्वाणकाल तक आनन्द उनकी निरन्तर सेवा करते रहे थे।

देवदत्त ने संघ में फूट डालने का उपक्रम किया था, जिसे आनन्द ने निरस्त कर दिया।

5

स्वर्णाच्छित जेतवन

तथागत के विषय में जो-जो सुनता कि वे उनके नगर के निकट आए हैं वह उनके दर्शकों की लालसा लिये हुए उनके पास जाता। उनमें से अधिकांश जन प्रव्रज्या ग्रहण कर लेते। इस प्रकार राजाओं के अनेक कुल प्रव्रजित हो गये। वे सब भिक्षु बने उनमें अनिरुद्ध, नन्दिय, कम्बिल, भृगु, कुण्डधान, रेवत, आनन्द आदि प्रमुख हैं। तथागत नित्य प्रति उन सबको उपदेश करते।

न केवल रावल राजकुमार अपितु अनेक प्रकाण्ड वेद-विद्वानों के भी तथागत के धर्म में दीक्षित होने की कथा बौद्ध साहित्य में लिखित है। यद्यपि डाक्टर राधाकृष्णन् के अनुसार राजकुमार सिद्धार्थ अर्थात् गौतम बुद्ध ने केवल उन यज्ञ विधानों का बहिष्कार किया था जिनमें पशु बलि दी जाती थी। वेदों में कहीं भी पशुबलि की अनुमति नहीं है, तदपि बुद्ध के काल में भारत में पशुबलि प्रचलित थी। यज्ञों में पशुबलि दी जाती थी। सिद्धार्थ को इससे ही घृणा थी। डा. राधाकृष्णन के मतानुसार गौतम वेद-विरुद्ध मत का प्रतिपादन नहीं करते थे। किन्तु बौद्ध ग्रन्थ बार-बार इसका ही उल्लेख करते हैं कि तथागत ने अमुख वेद विद्वान् को प्रभावित किया और उसे प्रव्रजित किया।

तथागत राजगृह में ही विद्यमान थे कि श्रावस्ती के श्रेष्ठि सुमन के सुपुत्र सुदत्त ने उनकी महिमा सुनी। सुदत्त अनाथों को नित्य प्रति दान दिया करता था, इसलिये उसका नाम अनाथ पिण्डक पड़ गया था। अनाथपिण्डक ने जब सुना तो वह भी तथागत के दर्शनों के लिये लालायित हो गया। वह राजगृह गया। राजगृह का श्रेष्ठि अनाथपिण्डक का बहनोई था। इससे पूर्व वह जब कभी भी राजगृह जाता था उसकी बड़ी आव भगत होती थी, किन्तु इस बार उसने उसमें कुछ अपनत्व की भावना कम देखी तो उसने अपने बहनोई से इसका कारण जानना चाहा।

अनाथपिण्डक के बहनोई ने बताया कि उसने तथागत को आमन्त्रित किया हुआ है। इसलिये वह उसकी तैयारी में जुटा होने के कारण उस पर कम ध्यान दे पा रहा है।

अपने बहनोई के मुख से भी अनाथपिण्डक ने तथागत की प्रशंसा सुनी तो वह दर्शनों के लिये अत्यधिक लालायित हुआ। उसने तथागत के दर्शन करने चाहे तो श्रेष्ठि ने बताया कि अब रात्रि के समय उनके दर्शन नहीं हो सकते। अनाथपिण्डक प्रातः काल की प्रतीक्षा में रहा। उसे भली प्रकार नींद नहीं आई। प्रातःकाल होने से पूर्व वह उठा और शीतवन में जहाँ तथागत निवास कर रहे थे, उस ओर चल दिया। मार्ग में अन्धकार मिला, उसको भय लगा। अनेक बार सोचा अभी रात्रि गहन है, लौट चले। किन्तु लौटा नहीं, चलता गया।

तथागत शीतवन में चक्रमण कर रहे थे। उसे आया देख अपने आसन पर बैठ गये। उसका स्वागत किया और उसे नाम से पुकार कर उसका कुशल क्षेम पूछा। सुदत्त को आश्चर्य हुआ। तथागत ने उसे उसके अनाथ पिण्डक, प्रचलित नाम से नहीं अपितु वास्तविक नाम से सम्बोधित किया था।

बौद्ध साहित्य में इसी प्रकार के चमत्कार उनके विषय में वर्णित हैं।

जिस प्रकार अन्य सब, जो भी तथागत के पास आकर उन्हीं का होकर रह गया, उसी प्रकार सुदत्त भी जब गया तो फिर उन्हीं का होकर रह गया। उसने तथागत को श्रावस्ती पधारने का निमन्त्रण दिया। तथागत ने स्वीकार कर लिया।

श्रेष्ठि सुदत्त प्रसन्न चित्त श्रावस्ती के लिये चला। मार्ग में जो भी नगर पड़ा उन सबमें तथागत की महिमा का प्रचार करता गया। न केवल इतना यह भी कहा जाता है कि मार्ग में पड़ने वाले नगरों में उसने सभी स्थानों पर चैत्यों और विहारों का भी निर्माण करवाया, जिससे कि राजगृह से श्रावस्ती के मार्ग में विहार करते हुए तथागत को किसी प्रकार का कष्ट न हो। स्थान-स्थान पर विश्राम की व्यवस्था करता गया। मार्ग भर में वह कहता गया — "सुनो, लोक में बुद्ध का आगमन हो चुका है। उन्हें श्रावस्ती आने के लिये निमन्त्रित किया है। वे इसी मार्ग से पधारेंगे।"

अनाथपिण्डक श्रावस्ती पहुंचा, सुगम स्थान की खोज करने लगा। ऐसा स्थान जो नगर से न तो दूर हो और न अति निकट हो। रात्रि में जहाँ शान्ति रहे। इस सब के लिये उसे राजकुमार जेत का उद्यान बहुत पसन्द आया। उसकी दृष्टि में वह उद्यान सब प्रकार से तथागत के विहार के लिये उपयुक्त था।

उद्यान खरीदने के विचार से अनाथपिण्डक राजकुमार जेत के पास गया। राजकुमार

उद्यान बेचने के लिये उद्यत नहीं था। किन्तु अनाथपिण्डक कृतसंकल्प था। उसने बहुत प्रकार के उद्यान लेने का यत्न किया किन्तु सफलता नहीं मिली। अन्त में विवाद का विषय बन गया और अमात्य ने जो निर्णय किया उसे दोनों ने मानना स्वीकार किया। आमात्य द्वारा प्रत्यक्ष निर्णय के परिणाम स्वरूप समस्त उद्यान की धरती को स्वर्णाच्छाति किया गया, और वह मूल्य देकर अनाथपिण्डक ने उस उद्यान को क्रय कर लिया।

उस उद्यान का नाम जेतवन था। उद्यान में यथोचित निर्माण कराये गये। विहार, चैत्य अग्निशाला, उपस्थान, कुटिया, पुरीषालय, प्याऊ, जनताघर, पुष्करिणियां, मण्डप आदि सब कुछ निर्माण कराया गया।

तथागत ने समय पर राजगृह से श्रावस्ती के लिये प्रस्थान किया। मार्ग में वैशाली भी रुके। वहां से पुनः श्रावस्ती के लिये प्रस्थान किया। मार्ग में भिक्षु प्रमुख आगे-आगे चल कर स्थान आदि चुन कर ले लेते थे। तथागत को जब यह विदित हुआ कि भिक्षुओं में भी भेदभाव बरता जाने लगा है, उच्चता और वरीयता को ध्यान में रख आवास आवंटित होने लगे हैं तो तथागत ने उनको उपदेश दिया कि भिक्षुओ में न कोई बड़ा है और न कोई छोटा। सब समान हैं, अतः सबको एक समान आवास मिलने चाहिये। इसकी व्यवस्था देते हुए उन्होंने कहा — "भिक्षुओ! वृद्धावस्था के अनुसार मैं अभिवादन, प्रत्युत्थान, प्रणाम, कुशल प्रश्न, प्रथम आसन, प्रथम जल, प्रथम परोसा भोजन करने की अनुज्ञा देता हूं।"

तथागत के धर्म में आयु को ही प्रमाण माना गया। कदाचित उनके लिये किसी की विद्वता का आकलन कर पाना कठिन था। भिक्षुओं में परस्पर वैमनस्य न बढ़े, इसकी व्यवस्था करना आवश्यक समझा और यह व्यवस्था दे दी।

तथागत की यह व्यवस्था कूटनीति संगत हो सकती है, नीति संगत नहीं। भिक्षु संघ का विस्तार तो हो गया था, किन्तु उसको नियन्त्रण में रखना तथागत के लिये सम्भव नहीं हो पाया। देवदत्त के विषय में हम पहले ही संकेत कर आये हैं कि उसने संघ में फूट डालने का उपक्रम किया था। उसे पृथक् भी कर दिया गया था। तब उसने अपना पृथक पंथ चलाया था। तथागत की तपस्या के विषय में टिप्पणी भले ही न की जाए किन्तु संघ संचालन में पग-पग पर अव्यवस्था के उनके जीवनकाल में ही दर्शन होने लगे थे। क्या यह उनकी नीति-निपुणता की न्यूनता थी ?

श्रावस्ती पहुंचने पर सुदत्त ने उनका स्वागत सत्कार किया। अन्त में उसने पूछा, "प्रभो! इस जेतवन का क्या करूं ?"

तथागत ने कहा, "गृहपति! जेतवन को आगत, अनागत, चतुर्दिश संघ के लिये दे दो।"

अनाथपिण्डक ने जेतवन भिक्षु संघ को दे दिया।

किंवदन्ति है कि अनाथपिण्डक के पुत्र काल की तथागत में श्रद्धा नहीं थी। अनाथपिण्डक ने कूटनीति से कार्य किया। उसने काल को प्रलोभन दिया कि यदि वह प्रतिरात्रि जेतवन जाकर प्रातःकाल लौट आये तो वह उसको प्रतिदिन सौ स्वर्ण मुद्रायें देगा। काल ने स्वीकार कर लिया। काल गया और प्रातः काल लौट आया। प्रातः काल उसने अपने पिता से स्वर्णमुद्रा मांगी, श्रेष्ठि ने आनाकानी की। काल ने तब तक भोजन नहीं किया जब तक कि उसको स्वर्ण मुद्रायें नहीं मिल गईं।

वह क्रम चलता रहा। अन्त में अनाथपिण्डक ने उससे कहा कि वह प्रतिदिन तथागत का उपदेश सुने और उसका कुछ अंश घर पर आकर उसको सुनाये तो वह उसको प्रतिदिन एक सहस्त्र मुद्रायें देगा। काल ने यह भी स्वीकार कर लिया।

अभिप्राय यह कि उसे तथागत का उपदेश सुनने के लिये बाध्य किया गया, काल भी कालान्तर में तथागत का हो गया।

क्या तथागत का अनुयायी बनाये जाने की यह प्रक्रिया न्याय और विधि सम्मत हो सकती है ? किन्तु तथागत के प्रति भक्ति भाव जागृत करने के लिये ऐसी अनेक गाथाएं थेरि गाथाओं में विद्यमान हैं।

तथागत जेतवन में ही विहार कर रहे थे कि अनाथपिण्डक सुदत्त श्रेष्ठि बीमार पड़ गया। जब उसकी दशा बिगड़ने लगी तो उसने एक व्यक्ति को जेतवन में भेज कर सारिपुत्र और आनन्द से उसकी व्यथा बताने के लिये कहा। सारिपुत्र और आनन्द आये, उसे भांति-भांति के उपदेश किये।

उनके जाने के बाद अनाथपिण्डक ने अन्तिम श्वास लिया।

"और भगवान की पवित्र वाणी में भिक्षु श्रावक-श्राविकाओं तथा उपासक उपासिकाओं में सत्तावनवां तथा श्रावक उपासकों में तृतीय स्थान प्राप्त कोसल श्रावस्ती सुमन श्रेष्ठिपुत्र अनाथपिण्डक सुदत्त गृहपति दायकों में अग्र हुआ !"

अनाथपिण्डक का भाई सुभूति भी तथागत का शिष्य बना और उसने प्रव्रज्या ग्रहण कर ली। यह कथा प्रचलित है कि उसको सहज समाधि लग जाया करती थी। अपने तप बल से वह अनावृष्टि को वृष्टि में, अकाल को सुकाल में परिवर्तित कर देता था।

"और भगवान की पवित्र वाणी में, भिक्षु श्रावकों में तेरहवां स्थान प्राप्त कोसल श्रावस्ती वैश्य कुलोत्पन्न सुभूति, क्लोशमुक्तों, दान के पात्रों में अग्र हुए थे।"

इस पुस्तक में यत्र तत्र 'भगवान' से अभिप्राय जगन्नियन्ता परमेश्वर से नहीं अपितु तथागत बुद्ध से है।

पिछले पृष्ठों में हम आयु में वृद्ध को वरीयता देने की तथागत की अनुज्ञा का वर्णन कर आये हैं, किन्तु श्रावस्ती के ही एक अन्य श्रेष्ठि भद्दिय के विषय में जो नाटा और कुरूप होने पर भी तथागत की प्रक्रिया में पूर्णता प्राप्त कर चुका था, उसकी निन्दा करने वाले श्रमणों को तथागत ने बताया, "आवुसो! मनुष्य अल्पायु होने पर भी कोई प्रज्ञामान है तो वह महान् है। शरीर से कोई बालक नहीं होता।"

इन दोनों अनुज्ञाओं में परस्पर विरोधमास है। उसी भद्दिय के विषय में आगे कहा गया है —

"और भगवान की पवित्र वाणी में भगवान के भिक्षु श्रावकों में सातवां स्थान प्राप्त कोसल देश, श्रावस्ती नगर, महाभोगकुलोत्पन्न, लकुण्टक भद्दिय मंजु स्वर वालों में अग्र हुए थे।"

6

धर्म संघ

गौतमी

तथागत कपिलवस्तु में विहार कर रहे थे। महाप्रजापति गौतमी, जो तथागत के गृहस्थ जीवन में उनकी विमाता तथा धात्री थी, उन्होंने अपने हाथों से ऊन कात और बुनकर के दो ऊनी चादरें बनाई थीं।

इस प्रसंग में हमें औरंगजेब का स्मरण हो आता है। कहा जाता है कि अपने निर्वाह के लिये वह स्वयं टोपियां सिया करता था और उससे अर्जित धन से अपना व्यय भार वहन करता था। अतः यदि कोई कहे कि महाप्रजापति गौतमी के महारानी होने के कारण क्या स्वयं कातना-बुनना उनके लिये सम्भव है ? कदाचित यह उचित नहीं होगा। उन्होंने ऐसा किया अथवा नहीं किया, यह विवादास्पद हो सकता है, किन्तु सम्भावना को अस्वीकार नहीं किया जा सकता है। यह औरंगजेब के उदाहरण से स्पष्ट है।

गौतमी ने उनमें से एक शाल स्वयं अपने हाथ से तथागत को देनी चाही तो तथागत ने कहा कि वे उसे 'संघ' को दे दें। संघ को दी हुई वस्तु स्वाभाविक रूप से उनको पहुंच जाती हैं।

आनन्द ने उस समय तथागत को समझाया कि गौतमी कौन है, क्या है। सिद्धार्थ के बाल्यकाल के जीवन का आनन्द ने उस समय उल्लेख किया था। इसके बाद दोनों में तर्क-वितर्क होते रहे। अन्त में तथागत ने यह सिद्ध कर दिया अथवा यों कहा जाये कि आनन्द और गौतमी ने यह स्वीकार कर लिया कि तथागत जो कह रहे हैं, वही ठीक है।

यह उस समय की बात है, जब बुद्धत्व प्राप्त करने के उपरान्त तथागत प्रथम बार कपिलवस्तु आये थे और शक्य निग्रोध के उद्यान में ठहरे थे। उसने वह उद्यान संघ को दे दिया था। तब से उसका नाम ही न्याग्रोधाराम पड़ गया था।

उस समय महाप्रजापति गौतमी ने तथागत से महिलाओं को भी प्रव्रजित करने के लिये

प्रेरित किया था किन्तु तथागत ने उस समय इसे स्वीकार नहीं किया था। कहते है कि इससे महाप्रजापति गौतमी को बड़ी निराशा हुई थी।

उस यात्रा में तथागत ने कपिलवस्तु से वैशाली के लिये प्रस्थान किया था। वहीं उन्होंने कूटागार शाल में विहार किया। महाप्रजापति गौतमी पुनः उनके पास प्रव्रज्या के लिए गई। उनकी आनन्द से भेंट हो गई। आनन्द ने गौतमी को थकी हारी देखा। उसने उनके वहां आने का कारण पूछा। क्योंकि इससे पूर्व कपिलवस्तु में तो गौतमी ने तथागत के दर्शन किये ही थे। अतः वे जानना चाहते थे कि गौतमी यहाँ किस विशेष प्रयोजन से आई है।

गौतमी ने उत्तर में कहा, "तथागत हम स्त्रियों को प्रव्रज्या नहीं देना चाहते। यही हमारे कष्ट का कारण है। यही हमारे आगमन का कारण है।"

"गौतमी! आप यहीं निवास कीजिये, मैं तथागत से स्त्रियों को प्रव्रज्या देने के लिये निवेदन करूंगा।"

आनन्द ने तथागत से अनेक प्रकार से निवेदन किया। तथागत ने कहा, "तथागत के प्रवेदित धर्म में स्त्रियों की प्रव्रज्या का स्थान नहीं है। उन्हें घर त्यागना उचित नहीं है।"

इसके बाद तथागत ने संन्यस्त जीवन की अनेक कठिनाइयों की ओर आनन्द का ध्यान आकृष्ट किया, जो कि स्त्रियों के लिये सम्भव नहीं होता। किन्तु गौतमी ने वह सब स्वीकार करने का व्रत लिया। उस दिन से स्त्रियां भी प्रव्रजित होने लगीं।

उस समय तथागत ने आनन्द से कहा था, "आनन्द! यदि मेरे प्रव्रजित धर्म में विनय में, स्त्रियां प्रव्रज्या न पातीं तो, वह ब्रह्मचर्य, चिरस्थायी होता। सद्धर्म सहस्र वर्ष तक स्थिर रहता। ... अब स्त्रियां प्रव्रजित हुई हैं। ब्रह्मचर्य चिरस्थायी नहीं रहेगा। सद्धर्म केवल पांच सौ वर्षों तक स्थायी रहेगा।... जिस धर्म में, जिस विनय में, स्त्रियां प्रव्रज्या पाती हैं, वहां ब्रह्मचर्य चिरस्थायी नहीं होता।"

इसके बाद तथागत ने अनेक कथाओं उपकथाओं के माध्यम से अपनी बात को स्पष्ट किया। महाप्रजापि गौतमी ने कठोर व्रत धारण किया। वे कृतकृत्य हुईं। भगवान की पवित्र वाणी में भिक्षु श्रावक एवं श्राविकाओं की तालिका में बयालीसवां तथा श्राविकाओं में प्रथम स्थान प्राप्त देव वह क्षत्रिय कुलोतपन्न शुद्धोदन भार्या भगवान की रक्त महाप्रजापति गौतमी अग्र हुई थीं।

इसके बहुत वर्ष बाद की बात है। तथागत पुनः कपिलवस्तु पधारे।

तथागत के कुल में नन्द और नन्दा दो भाई बहन थे। नन्द तो उस समय ही तथागत के

धर्म में प्रव्रजित हो गया था जब तथागत पहली बार आये थे और राहुल को प्रव्रजित किया था, किन्तु नन्दा ने तब प्रव्रज्या नहीं ली थी।

नन्दा सुन्दर थी। अनुपम रूप के कारण उसे सुन्दरी नन्दा कहा जाता था। वह जनपद कल्याणी थी। नन्दा ने विचार किया कि सभी ने तो राज सुख त्याग कर प्रव्रज्या ग्रहण की है, केवल वही रह गई है जिसने प्रव्रज्या ग्रहण नहीं की। उसने भी सब कुछ त्याग कर प्रव्रज्या ग्रहण करने का निश्चय किया।

उसे अपने रूप पर गर्व था। यह बात तथागत को विदित हुई। जब नन्दा तथागत का उपदेश सुनने के लिये गई तो उस समय तथागत ने अपने योगबल से नन्दा से भी अधिक रूपवती युवती की सृष्टि की और उसे अपने ऊपर पंखा झलने के लिये नियुक्त कर दिया।

तथागत के योगबल की अनेक क्रियाओं का वर्णन बौद्ध साहित्य में उपलब्ध है, जिनको अनावश्यक मान कर हमने उन्हें जीवनी के अंश में सम्मिलित नहीं किया।

वहां उपस्थित सभी जन उस सुन्दरी को ही देखते, नन्दा की ओर किसी ने देखा ही नहीं। नन्दा को इससे और अधिक विराग हो गया। तथागत ने उसे शरीर के धर्म के विषय में तथा उसकी अन्तिम परिणति के विषय में विस्तार से समझाया। उन्होंने कहा, "नन्दा! यह शरीर दुर्गन्धमय है, अपवित्र है।"

तथागत के उपदेश का नन्दा पर प्रभाव हुआ। वह प्रव्रजित हुई और "भगवान की पवित्र वाणी में भिक्षुणी श्रावक श्राविकाओं तथा उपासक-उपासिकाओं की तालिका में सैतालीसवां तथा भिक्षुणी श्राविकाओं में छठा स्थान प्राप्त कर, शक्य कपिलवस्तु महाप्रजापि गौतमी की पुत्री नन्दा, ध्यान करने वालियों में अग्र हुई थी।"

नन्दा की ही भांति सुकला भी श्रावस्ती के एक ब्राह्मण कुल में उत्पन्न हुई। तथागत जब अनाथपिण्डक के जेतवन में विहार कर रहे थे तो उस समय वह भी उनका उपदेश सुनने के लिये आई थी। उसने अनेक श्राविकाओं को जेतवन में उपदेश सुनते हुए देखा था। उसका मन भी प्रव्रज्या लेने को हुआ। तथागत ने उसे दीक्षित किया और "भगवान की वाणी में भिक्षु श्रावक-श्राविकाओं तथा उपासक हम उपासिकाओं की तालिका में उनचासवां तथा श्राविकाओं में आठवां स्थान प्राप्त, कोसल श्रावस्ती कुल गृहोत्पन्न सुकुला दिव्य चक्षु वालियों में अग्र हुई।"

* * *

ऋद्धि सिद्धि का प्रदर्शन

यों भिक्षुओं की संख्या बढ़ती गई। संघ भी बढ़ता गया। धर्म बढ़ा या नहीं, यह हमारी दृष्टि में सन्देहास्पद है। क्योंकि तथागत वही सब कुछ कर रहे थे, जिसके विरोध में उन्होंने आरम्भ में राजपाट त्यागा था। अर्थात् समाज में फैली कुरीतियों से समाज को मुक्त करना। किन्तु अब स्वयं तथागत के तपबल की चारों ओर चर्चा होने लगी थी और भिक्षु संघ में भी उसी प्रकार पाखण्ड फैलने लगा था।

एक रोचक प्रसंग।

पिण्डोल भारद्वाज उज्जयिनी के राजपुरोहित के पुत्र थे। उन्होंने वेदाध्ययन किया और फिर अध्यापन करने लगे थे। किन्तु अध्यापन में मन नहीं लगा तो तथागत के राजगृह में होने और उनके तपबल की चर्चा सुनकर वे राजगृह चल गये। उनका आदर सत्कार हुआ और अन्त में वे भी भिक्षु हो गये।

पिण्डोल कुछ लोभी स्वभाव के थे। उन्होंने अपना भिक्षा पात्र बहुत बड़ा बनवाया था जिससे कि अधिक भिक्षा प्राप्त हो सके। यों कहा जाये कि पेटू थे।

एक समय की बात है कि राजगृह के एक श्रेष्ठि को चन्दन का एक महाकुन्द मिला। उसने उससे चन्दन का एक पात्र बनवाया और फिर उसे दान करने की घोषणा कर दी। उसने उस पात्र को बहुत ऊंचे एक बांस के ऊपर रखवा दिया और घोषणा कर दी कि जो श्रमण चाहे अपनी शक्ति से उस पात्र को वहां से ले सकता है। सबके लिये उस पात्र को प्राप्त करना सहज नहीं था। जो शक्तिमान अर्थात् ऋद्धि सम्पन्न होगा वहीं उसको ले सकेगा। भिक्षु इससे लज्जित अनुभव कर रहे थे। ऋद्धि का गर्व करने वालों का गर्व चूर हो गया था।

एक दिन पिण्डोल भारद्वाज मौद्गलायन के साथ भिक्षाचरण के लिये निकले तो उस पात्र पर उनकी दृष्टि गई। पिण्डोल भारद्वाज ने मौद्गलायन से कहा कि वे पात्र उतार लें। मौद्गलायन ने अपनी लज्जा छिपाने के लिये पिण्डोल भारद्वाज से कहा कि वे ही उतारें। पिण्डोल अपने तपबल से आकाश में उड़े और उन्होंने उस पात्र को उतार लिया। आकाश के तीन फेर लगाये। श्रेष्ठि ने देखा तो उसने भारद्वाज से कहा कि वे आकाश से सीधे उसके घर पर से उतरें। पिण्डोल ने ऐसा ही किया।

इसकी चर्चा समस्त राजगृह में होने लगी। जिसने भी सुना वही पिण्डोल भारद्वाज के

दर्शनों के लिये उस ओर को चल पड़ा। तथागत ने भी कोलाहल सुना तो आनन्द से इसका कारण जानना चाहा। आनन्द ने यथास्थिति का वर्णन कर दिया। तथागत ने भिक्षु संघ एकत्रित कर उपदेश दिया और पिण्डोल भारद्वाज को कहा कि उसने यह कार्य भिक्षु संघ की धारणा और मान्यता के विपरीत किया है। उन्होंने उसे श्रमण धर्म के प्रतिकूल और अनुचित बताया। तथागत ने इस प्रकार अपनी ऋद्धि प्रदर्शन को उस दिन से प्रतिबन्धित कर दिया और पिण्डोल भारद्वाज से वह पात्र लेकर उसका चूर्ण बनवा दिया। उन्होंने भिक्षुओं को यह भी आदेश दिया कि भविष्य में काष्ठपात्र की अपेक्षा लोहे या मिट्टी के पात्र का उपयोग करें।

राजा बिम्बसार ने जब यह सुना तो वे तथागत के पास गये और उनसे पूछा कि क्या उन्होंने भिक्षुओं को ऋद्धिप्रतिहार्य के प्रदर्शन का निषेध किया है ? तथागत ने स्वीकार किया। राजा ने फिर कहा कि सुनने में यह भी आया है कि आप प्रातिहार्य करेंगे। तथागत ने हामी भरी। राजा ने कहा कि शिष्यों के लिये तो आपने उसको अनुचित बताया है किन्तु आप स्वयं क्यों कर रहे हैं ?

तथागत ने एक उदाहरण से राजा बिम्बसार को बात समझाई। अर्थात् उनके उद्यान के फल को तोड़ने वाला बाहरी व्यक्ति तो दण्डित किया जाता है किन्तु राजा स्वयं फल तोड़े तो उसे दण्डित करने वाला कोई नहीं। जबकि फल तोड़ना अपराध माना गया है। मगधराज ने बताया कि क्यों कि वह उस उद्यान का स्वामी है अतः उसे फल तोड़ने का अधिकार है। तथागत ने उसी उदाहरण से स्वयं को प्रतिहार्य स्वयं करने के लिये उचित सिद्ध किया।

तथागत आषाढ़ पूर्णिमा को प्रातिहार्य करेंगे, इसकी चारों और चर्चा होने लगी। तथागत राजगृह से श्रावस्ती की ओर चले। उनके शिष्य उनके पीछे-पीछे प्रचार करते हुए चलते थे। लोगों ने जब प्रातिहार्य की बात सुनी तो उसे देखने के कौतूहल से वे भी उनके पीछे-पीछे चलने लगे। तथागत श्रावस्ती पहुंचे। उनके शिष्य पहले ही वहां पहुंच चुके थे। उन्होंने प्रातिहार्य के लिये मण्डप आदि बनवा दिये।

कोसल ने राजा प्रसेनजित ने सुना तो वे भी श्रावस्ती जा पहुंचे। उन्होंने तथागत से कहा कि वे उनके लिये मण्डप बनवायेंगे। तथागत ने निषेध किया और कहा कि उनके लिये देवराज शक्र मण्डप बनायेंगे।

शक्र अर्थात् देवराज इन्द्र। राजा प्रसेनजित इससे चिन्तित हुए।

आषाढ़ पूर्णिमा का दिन आया। तथागत ने नगर में प्रवेश किया।

राजा के माली उद्यानपाल गण्डक ने अपने उद्यान में एक बहुत ही बड़ा सुन्दर पका हुआ

आम देखा तो वह उसे राजा को समर्पित करने के लिये राजप्रसाद की ओर चला। उसी मार्ग से तथागत_ नगर की ओर आ रहे थे। माली ने वह आम तथागत को भेंट कर दिया। तथागत के शिष्यों ने आम का रस निकाला। तथागत ने रस पिया और माली से कहा कि आम की गुठली को वहीं पर गाड़ दे। माली ने धरती खोदी और गुठली डाल कर मिट्टी डाल दी। तथागत ने उस पर अपने हाथ धो दिये।

चमत्कार देखिये कि तथागत के हाथ का जल गिरते ही वहां पर वृक्ष उग आया और देखते-देखते वह विशाल वृक्ष बन गया। फलों से लद गया। गण्डक ने सबको आम तोड़ कर दिये और भिक्षुओं ने भी जम कर आम खाये। गण्डक ने वह आम रोपा था, इसलिये उस आम वृक्ष नाम 'गण्डरुक्ख' पड़ गया।

राजा को विदित हुआ तो उसने उस वृक्ष पर पहरा बैठा दिया जिससे कि तैर्थिकगण उसे हानि न पहुंचायें। तैर्थिक एक अन्य साधु सम्प्रदाय का नाम था।

दूसरी ओर उसी समय तैर्थिकों द्वारा तथागत के प्रातिहार्य के लिये बनाय मण्डप तहस नहस हो गया। भीषण गर्मी पड़ने लगी। ताप असह्य हो गया, लोग भागने लगे। कोई कहीं गिरा, कोई कहीं दूसरी ओर गिरा। कोई नदी में डूबा कोई सरोवर में। किन्तु दूसरी ओर पिण्डोल भारद्वाज दिन प्रतिदिन धर्मपथ की ओर बढ़ते गये और "भगवान की पवित्र वाणी में भिक्षु श्रावकों में अष्टम स्थान प्राप्त मगध राजगृह ब्राह्मण कुलोत्पन्न पिण्डोल भारद्वाज सिंहनादियों में अग्रसर हुए।"

बौद्ध साहित्य इस प्रकार की कपोल कल्पनाओं से भरा पड़ा है। क्या इसी के लिये तथागत ने वेद-विद्या का विरोध किया था ?

इस प्रसंग में एक अन्य कथा प्रचलित है -

तथागत कौशाम्बी में घोषिताराम में विहार कर रहे थे। वह स्थान बड़ा ही जनाकीर्ण हो गया था। तथागत को एकान्त की लालसा जगी। घोषिताराम का वातावरण बड़ा दूषित होने लगा था। तथागत ने इससे दूर विहार करने का विचार किया। एक दिन उन्होंने अपना पात्र और चीवर लिया, न किसी से कुछ कहा और न किसी को साथ लिया। तथागत वहां से परिलेय्यक वन में जा पहुंचे। वहीं आसन लगाया।

वहां एक महागज था। तृणों का विहार करता था। हथिनियां उसके आगे पीछे घूमती थीं। वह हाथी भी उस जीवन से ऊब गया था। एकान्त चाहता था। वह भी परिलेय्यक वन की ओर चल दिया। भद्रशाल, जहाँ तथागत विहार कर रहे थे, वहीं पहुंच गया।

उस वनखण्ड में वह हाथी हरित तृण चरता, तथागत के लिये सूंड में पानी भर कर लाता, पीने के लिये पात्र में जल रखता, एकान्त में स्वेच्छापूर्वक घूमता।

तथागत ने उदान कहाः 'इस हरीशतुल्य दांत वाले हाथी का चित्त और उनका चित्त समान है। दोनों चित्तों को एकान्त प्रिय है।'

एक और कथाः

तथागत वेरंजा में वर्षा वास कर रहे थे। अकाल ओर अवर्षण से वेरंजा त्रस्त थी। भिक्षा द्वारा भी जीवन निर्वाह दूभर था।

उसी समय उत्तरापथ के अश्व के सौदागर वेरंजा में पांच सौ अश्वों के साथ वर्षावास कर रहे थे। उन्होंने भिक्षुओं के लिये यवतण्डुल बांध दिये थे। भिक्षु भिक्षा के लिये वेरंजा जाते किन्तु जब वहां कुछ नहीं मिलता तो सौदागरों के पास आकर उनसे यव-तण्डुल प्राप्त कर अपने आराम को लौटते।

आनन्द भी इसी प्रकार यव-तण्डुल ला कर पीसते। तथागत को भी वही भोजन देते। तथागत ने एक दिन ओखल का शब्द सुनकर आनन्द से पूछा, "आनन्द! यह शब्द कैसा?"

"भन्ते! यह ओखल का शब्द है।"

"क्या कूटा जा रहा है?"

"चावल।"

"साधु आनन्द! तुम सत्पुरुषों ने जीत लिया है। किन्तु भविष्य की जनता तो शालिमांष ओदन की आकांक्षा करेगी।"

यह कथा यहीं समाप्त होती है। इसका प्रयोजन क्या हो सकता है, यह विचारणीय है। यह प्रसंग बुद्धचर्या और पाराजिका, दोनों ग्रन्थों में आया है।

एक अन्य कथाः

तथागत वाराणसी के मृगदाव में विहार कर रहे थे। एक दिन भिक्षा के लिये गये और भिक्षा लेकर एक पाकड़ के वृक्ष के नीचे बैठ कर उसे उदरस्थ किया।

वहां उन्होंने एक विचित्र प्रकार के भिक्षुक को देखा। जो न सचेत था और न अचेत। अर्द्धविक्षिप्त-सा। तथागत के बुलाने पर वह उनके समीप आ गया। उन्होंने उसे उपदेश दिया कि वह अपनी यह मैली वृत्ति छोड़कर साफ सुथरा रहे। उसने स्वीकार कर लिया।

अपने आराम में पहुंच कर तथागत ने यह घटना अपने भिक्षुओं को सुनाई। भिक्षुओं की जिज्ञासा पर उन्होंने बताया कि लोभ और राग जूठन है, द्रोह दुर्गन्ध है तथा अकुशल तर्क

मक्खियां है। इसलिये जूठन बात बनो।

खण्डित ब्रह्मचर्य

एक बड़ा रोचक प्रसंग है। बुद्धचर्या और पाराजिका में इसका वर्णन है।

वैशाली के निकट कलन्दक एक ग्राम है। उस ग्राम में सुदिन्न नामक एक श्रेष्ठिपुत्र रहता था। वह माता-पिता का इकलौता था। उसका विवाह हो चुका था।

वैशाली में तथागत का आगमन सुनकर कलन्दक ग्राम के अनेक व्यक्ति उनका उपदेश सुनने के लिये वैशाली जाने लगे तो सुदिन्न भी उनके साथ वैशाली गया। उपदेश सुनने के बाद उसके मन में वैराग्य उत्पन्न हुआ तो उसने तथागति से प्रव्रज्या देने के लिये कहा। तथागत ने कहा कि क्या उसने अपने माता पिता से अनुज्ञा ली है ? उसने कहा, - 'नहीं'।

तथागत ने कहा कि यदि वह प्रव्रज्या लेगा तो उसके माता-पिता का उत्तरदायित्व कौन लेगा? तब सुदिन्न ने कहा कि वह माता-पिता की अनुज्ञा लेने का यत्न करेगा। यह कह कर वह चला गया।

सुदिन्न घर पहुंचा। उसने अपने माता-पिता से प्रव्रज्या लेने की अनुमति चाही किन्तु उसे नहीं मिली। सुदिन्न ने अनेक भांति यत्न किया किन्तु अनुज्ञा मिलना कठिन था। अन्त में सुदिन्न ने दुराग्रह किया। गांधीवादियों की भाषा में उसे सत्याग्रह कहा जाता है। अर्थात् अनशन। पुत्र ने खाना-पीना छोड़ दिया। माता-पिता तथा पत्नी को बड़ा क्लेश हुआ किन्तु उसको प्रव्रज्या की अनुमति नहीं दी। माता-पिता ने समझाया, पत्नी ने समझाया, किन्तु सुदिन्न अपने दुराग्रह पर अडिग रहा।

सुदिन्न के मित्रों ने उसे अनेक भांति समझाया किन्तु वह तब भी नहीं माना। अन्त में जब उसके प्राणों का भय होने लगा तो उसके मित्रों तथा नातेदारों के आग्रह पर उसके माता-पिता ने उसको प्रव्रज्या की अनुमति दे दी।

सुदिन्न तथागत के पास गया। तथागत ने पूछा अनुज्ञा मिली ? उसने स्वीकृति में सिर हिलाया। अब तथागत को इसकी चिन्ता नहीं थी कि उसके माता-पिता के उत्तरदायित्व के विषय में पूछें। उन्होंने उसे प्रव्रज्या दे दी। वहां लिखा है:

'सुदिन्न ने भगवान के बुद्धत्व प्राप्त होने के बारह वर्ष पश्चात प्रव्रज्या ली। उपसम्पदा पाई। अवधूत गुणों से युक्त हुआ। वज्जियों के एक उद्यान में विहार करने लगा। आरायतुल्य

वन में रहने लगा। पिण्डपात करने लगा। पाशुकुलिक पहनने लगा। और स-पदाचारी बन कर निरन्तर चलता रहा। कहीं अपना निवास स्थान नहीं बनाया।"

कथा यहीं समाप्त नहीं होती।

वज्जि देश में, जहां सुदिन्न विहार कर रहा था, बड़ा भयंकर दुर्भिक्ष पड़ा। सुदिन्न को ध्यान आया कि वैशाली और कलन्दक सुरक्षित स्थान हैं। उसने वहां के लिये प्रस्थान किया। वहां पहुंचा। जाति वालों ने सुना तो वे उसके लिये भांति-भांति के मिष्ठान्न लाये। सुदिन्न ने किसी का स्पर्श नहीं किया। उसने भिक्षा पात्र उठाया और जिधर को वह चला वह उसका अपने माता-पिता का घर था।

सुदिन्न ने देखा कि घर की दासी बासी दाल फेंकने जा रही है। सुदिन्न ने अपना भिक्षा पात्र आगे कर दिया। दासी ने वह दाल उसमें डाल दी। दासी को लगा कि यह व्यक्ति कुछ जाना पहचाना है। कुछ विचार करने पर उसकी समझ में आ गया कि यह सुदिन्न है।

सुदिन्न भिक्षा लेकर एक दीवार के सहारे बैठ कर उसे खाने लगा। दासी ने भीतर जाकर सुदिन्न की माता को बताया कि उसने सुदिन्न को देखा है। दासी ने सुदिन्न को देखने का यथावत वर्णन कर दिया। उधर सुदिन्न का पिता कार्य समाप्त कर घर लौट रहा था तो उसने अपने मकान की दीवार की छाया में बैठे सुदिन्न को दाल खाते देखा। उसने पहचान लिया। उसने कहा, "सुदिन्न, दाल खा रहे हो ?"

"हां भन्ते!"

"अपने घर नहीं चलोगे?"

"गया था।"

"अरे...?"

"वहीं से यह बासी दाल मिली है।"

गृहपति ने सुदिन्न का हाथ पकड़ा, उसे घर ले चला। भीतर जाकर उसको आसन पर बैठाया। भोजन लगवाया और कहा, "भोजन करो।"

"मैंने भिक्षा पा ली है।"

"किन्तु..."

"गृहपति, हम एकाहारी है बारम्बार नहीं खाते।"

"अच्छा सुदिन्न, कल यहां भोजन करना।"

सुदिन्न ने मौन सहमति दी और उठ कर चला गया।

अगले दिन माता ने घर को भली प्रकार लीपा पोता। सुदिन्न की पत्नी को कहा कि वह उस दिन वही वस्त्र और आभूषण धारण करे जो सुदिन्न को पसन्द थे।

अगले दिन सुदित्र भिक्षा पात्र लिये भिक्षा के लिये आया। गृहपति ने सारी धनसम्पति उसके सम्मुख रख कर कहा, "यह सब तुम्हारा है स्वीकार करो।"

सुदिन्न ने अनिच्छापूर्वक उस ओर देखा। गृहपति ने पुनः कहा, "गृहस्थ धर्म में ही भोग और पुण्य दोनों का लाभ है।"

सुदिन्न मौन रहा। गृहपति ने अनेक प्रकार से उसे आकर्षित करने का यत्न किया किन्तु सुदिन्न टस से मस नहीं हुआ। जब गृहपति ने बहुत आग्रह किया तो सुदिन्न कहा, "एक बात कहूं, रुष्ट तो नहीं होंगे?"

गृहपति दुखी हुआ। उसे पुत्र से ऐसे उत्तर की अपेक्षा नहीं थी।

तभी उसकी पुत्रवधू पूर्ण श्रृंगार करके वहां उपस्थित हो गई। पत्नी अपने पूर्व पति के चरणों में गिर पड़ी। सुदिन्न के चरण आंसुओं से गीले हो गये। बहुत देर बाद उसने पूछा, "आर्यपुत्र! वे अप्सरायें कैसी हैं जिनके लिये आपने ब्रह्मचर्य धारण किया है ?"

"बहन...।"

सम्बोधन सुनते ही माता-पिता हतप्रभ हो गये। पत्नी मूर्च्छित हो गई। सुदिन्न ने कहा, "मैंने अप्सराओं के लिये ब्रह्मचर्य धारण नहीं किया है।"

सुदिन्न ने फिर कहा, "यदि भिक्षा देनी हो तो दीजिये।"

सुदिन्न ने भिक्षा ग्रहण की। माता-पिता ने पुनः समझाया किन्तु सुदिन्न पुनः गृहस्थ में प्रविष्ट होने के लिये उद्यत नहीं हुआ। अन्त में माता ने कहा, "न सही गृहस्थ, तुम हमें एक पुत्र दो, जो इस अपार सम्पत्ति का भोग करे। अन्यथा इसे लिच्छवि उठा ले जायेंगे।"

वज्जियों और लिच्छवियों में परस्पर द्वेष था। माता की यह बात सुदिन्न के हृदय पर लगी। उसने कहा, "माँ। मैं संभवतया यह कर सकूंगा।"

माँ ने उससे पूछा कि वह कहां विहार करता है तो उसने बताया कि महावन में। यह कह कर उठ कर चला गया। उसकी बात सुनकर माता तथा पत्नी को अपार हर्ष हुआ।

बहू ऋतुमति हुई। उसने अपनी सास से कहा कि उपयुक्त समय आ गया है। सास ने उसे समझाया कि वह उन वस्त्राभूषणों को धारण करे जो सुदिन्न को बहुत पसन्द थे। बहू ने वस्त्राभूषण पहने। सास ने उसे साथ लिया और महावन में गई। सुदिन्न आसन पर विराजमान था। माँ ने कहा, "तात! तुम हमें जीवन दो। इस वंश का नाश न हो, हमारी सम्पत्ति सन्तान

हीन होने के कारण लिच्छवि न ले सकें।"

"अच्छा!" सुदिन्न ने अनमने-से भाव से कहा।

माता पुत्रवधू को वहीं छोड़कर कर घर लौट गई।

सुदिन्न ने पत्नी की बांह पकड़ी, गहन वन में चला गया। सुदिन्न ने तीन बार सहवास किया। पत्नी बीजक माता कहलाई और सुदिन्न का नाम बीजक पिता हुआ।

बात फैल गई। भिक्षुओं ने सुदिन्न को अनेक प्रकार से फटकारा। उसकी भर्त्सना करते हुए कहा:

"इस प्रकार का मैथुन कर्म चाहे जहां किया जाये, जिस अवस्था में किया जाये। वह व्यक्ति पाराजिक होता है। वह भिक्षुओं के सहवास के अयोग्य है।"

"इस के बाद सुदिन्न का क्या हुआ, इसका कहीं कुछ उल्लेख नहीं है।

हम केवल तथागत के अनुशासन की ओर अपने पाठकों का ध्यान खींचना चाहते है। एक ओर तो वे आदेश देते है कि बिना माता-पिता की अनुमति के किसी को प्रव्रजित न किया जाये। वह भी उन्होंने महाराज शुद्धोदन अर्थात् अपने माता-पिता के कहने पर किया था। इससे पूर्व वे हर किसी को प्रव्रजित कर लिया करते थे।

सुदिन्न से उन्होंने पहले तो पूछा कि उसके माता-पिता का उत्तरदायित्व कौन लेगा ? किन्तु जब उसने पुनः आ कर कहा कि उसने माता-पिता की अनुमति प्राप्त कर ली है तो तथागत ने यह नहीं पूछा कि उस एकलौते पुत्र को किस प्रकार अनुमति मिल गई? न सुदिन्न ने अपने दुराग्रह का उल्लेख किया और न तथागत ने जानने की अभिलाषा व्यक्त की।

सुदिन्न ने कहा और तथागत ने उसे प्रव्रज्या दे दी।

कालान्तर में जब सुदिन्न उनकी प्रथानुसार पथभ्रष्ट हो गया तो उसे भिक्षुओं के सहवास के अयोग्य घोषित कर दिया।

बौद्ध कथाओं को पढ़ने से यही लगता है कि तथागत का सारा परिश्रम समस्त मानव संसार को प्रव्रजित करने के लिये था। उन्होंने यह नहीं सोचा कि यदि समस्त मानव प्रव्रजित हो जायेंगे तो फिर उनको भिक्षा देने वाला कौन होगा।

तदपि तथागत बुद्ध को चौबीस अवतारों में एक माना गया है। यह ह्रासमान समाज की विकृति का प्रमुख लक्षण है।

* * *

अधर्माचरण

कोसल देश में इच्छा नंगल ब्राह्मणों का ग्राम था। तथागत अपने पांच सौ शिष्यों के साथ उसके निकट विहार कर रहे थे। कोसलराज द्वारा समर्थित पौष्करसादि नामक ब्राह्मण का उस क्षेत्र में अच्छा प्रभाव था। वे शास्त्रों के ज्ञाता माने जाते थे। उनका एक शिष्य था अम्बष्ट। वह भी शास्त्रज्ञ था।

गुरुशिष्य ने जब सुना कि तथागत उनके निकट विहार कर रहे है तो गुरु ने शिष्य से कहा कि वह जो कुछ जानता है उसने उसको पढ़ा दिया है। उन्होंने अम्बष्ट को परामर्श दिया कि वह अब कुछ दिन तथागत के पास रह कर कुछ ज्ञान प्राप्त करे।

अम्बष्ट ज्ञान पिपासा की तृप्ति के लिये तथागत के पास गया। बुद्ध कथा में आगे लिखा है:

अम्बष्ट भगवान के बैठने के समय, उठने के समय, टहलने के समय, कुछ न कुछ बात करता था।.... वह अशिष्ट था। भगवान ने पूछा - 'क्या आचार्यों आदि के साथ इसी प्रकार वार्तालाप किया जाता है?'

अम्बष्ट ने कहा, "बैठों के साथ बैठकर, खड़ों के साथ खड़े होकर, चलते के साथ चलते हुए वार्तालाप करना चाहिये।" तथागत ने उससे कहा कि वह यहां कुछ सीखने के लिये आया है तो उसे चाहिये कि वह उसी प्रकार का व्यवहार ग्रहण करे। अम्बष्ट को तथागत की बात अच्छी नहीं लगी। उसने गौतम से कहा कि शाक्य जाति चण्ड है, वह ब्राह्मणों का उचित आदर सत्कार करना नहीं जानती है। मैं एक बार आचार्य पौष्करसादि के साथ कपिलवस्तु गया वहां के शक्यों ने हमारा स्वागत सत्कार नहीं किया था।

यों बात करते-करते अम्बष्ट और गौतम में विवाद बढ़ गया। गौतम ने अम्बष्ट का गोत्र पूछा और फिर कहा कि वह तो दासीपुत्र है। कृष्णायनगोत्र वाले सब अशिष्ट दासीपुत्र हैं। उन्होंने कहा कि शाक्या आर्यपुत्र हैं। अम्बष्ट के साथियों ने गौतम से कहा कि अम्बष्ट कुलीन है, पठित है। गौतम ने फिर अम्बष्ट से उसके गोत्र के मूल के विषय में जानना चाहा, अम्बष्ट उत्तर नहीं दे सका। गौतम ने उसे धमकाते हुए कहा कि यदि वह उनके प्रश्नों का उत्तर नहीं देगा तो उसका सिर स्वयमेव फट जायेगा।

अम्बष्ट डर गया। उसने स्वीकार किया कि उसके पूर्वज अर्थात् कृष्णायन दासी पुत्र थे।

इस प्रकार गौतम ने कूटनीति से काम लिया और अम्बष्ट को पराजित किया। क्या यह धर्माचरण था?

और फिर जब अम्बष्ट के साथियों ने उसका परित्याग किया, परिहास किया तो गौतम ने उन्हें भी मौन करा दिया। उस समय गौतम ने कहा कि नहीं, कृष्ण तो महान् ऋषि थे, वे विद्या विनय सम्पन्न थे। इस प्रकार गौतम ने अम्बष्ट को पराजित किया। अम्बष्ट वहां से वापस चला गया।

पौष्करसादि अपने आश्रम में बैठे थे। अम्बष्ट के आने पर उन्होंने पूछा कि क्या वह गौतम से मिला? अम्बष्ट ने बताया कि गौतम के विषय में जो भी आख्यान प्रचलित हैं, वे सब यथार्थ हैं। गौतम पारंगत प्राणी हैं। उसके बाद अम्बष्ट ने अपने साथ बीती सारी कहानी विस्तार से बता दी। पौष्करसादि की इच्छा तथागत के दर्शनों की हुई तो वे भी इच्छानंगल पर पहुंचे। दर्शन कर तृप्त हुए और कहा कि वह भी तथागत का उपासक बन गया है।

जीवन अमूल्य

तथागत एक बार मगध राज्य के खाण्डमत ग्राम के निकट आम्रयष्टिका में विहार कर रहे थे। खाण्डमत ब्राह्मणों का ग्राम था। कूटदन्त नामक ब्राह्मण राजा बिम्बसार का कृपा पात्र था। वह ग्राम का स्वामी था। स्वयं राजा तुल्य जीवन व्यतीत करता था।

एक बार कूटदन्त ने महायज्ञ का आयोजन किया। सात सौ वृषभ, सात सौ बछड़े, सात सौ बछड़ियां, सात सौ अज, सात सौ मेष, यज्ञ यूप से बांधे गये थे। उनका वध होने वाला था।

उसी समय तथागत के आने की बात सुनी गई तो ब्राह्मण मण्डली उनके दर्शनों के लिये चली। कूटदन्त ने यह सब देखा तो अपने आमात्य से इसके विषय में पूछा। उसने बताया कि ये लोग शाक्य कुलीय गौतम के दर्शनों के लिये जा रहे है। उसने आमात्य से कहा कि वह उनको रोके, वह स्वयं भी उनके साथ दर्शनों के लिये जायेगा।

ब्राह्मणों ने जब सुना तो वे कूददन्त के पास आकर कहने लगे कि उसका दर्शनों के लिये जाना उचित नहीं है। क्योंकि इससे उसका यश क्षीण होगा। गौतम के दर्शनों के लिये जाने का अभिप्राय है कि गौतम कूटदन्त से बढ़ कर हुआ। यह बात फैलेगी तो इससे गौतम का यश बढ़ेगा। उनका कहना था कि कूटदन्त आचार्य हैं, इसलिये गौतम को चाहिये कि वह उनके

दर्शनों के लिये आये। ब्राह्मणों ने अनेक प्रकार के कूटदन्त को गौतम से श्रेष्ठ सिद्ध किया।

कूटदन्त ने उनको समझाया कि वे हमारे अतिथि हैं। अतिथि का स्वागत करना हमारा कर्तव्य है। अन्त में कूटदन्त ब्राह्मण मण्डली के साथ गौतम के दर्शनार्थ गया। अभिवादन आदि करके एक ओर बैठ गया और अवसर पाकर उसने कहा कि वह यज्ञ करना चाहता है। कृपया मुझे त्रिविध सम्पदा का उपदेश कीजिये।

तथागत ने उपदेश किया। जिसका अभिप्राय था कि यज्ञ में किसी भी प्रकार की बलि उपयुक्त नहीं। कूटदन्त की समझ में बात आ गई। उसे यज्ञ के लिये एकत्रित पशुओं का ध्यान हो आया। किन्तु उसके साथ जो पशुबलि के समर्थक ब्राह्मण थे उनको यह रुचि कर नहीं लगा। तथागत ने बताया कि यज्ञ में घृत, तैल, मक्खन, दही, मधु, खांड का ही प्रयोग किया जाना चाहिये।

कूटदन्त के यज्ञ के लिये आए ब्राह्मणों ने इसका प्रतिवाद करना चाहा। किन्तु कूटदन्त मौन रहा। उसपर तथागत के उपदेश का प्रभाव हुआ था। उसने यज्ञ में बलि करने का विचार त्याग दिया। उसने तथागत से कहा कि वे अपने भिक्षु संघ सहित उसके निवास पर भिक्षा ग्रहण करें। तथागत ने मौन स्वीकृति दी।

पौष्करसादि ने पशुबलि का पथ त्याग दिया तो ब्राह्मणों में परस्पर विवाद होने लगा। विवाद बहुत बढ़ गया। तभी संयोग से तथागत कोसल ब्राह्मणों के मनसाकट ग्राम में विहार के लिये पहुंचे। ब्राह्मणों ने निर्णय के लिये उनके पास जाने का निश्चय किया। तथागत ने उन्हें अनेक भांति उपदेश किया। अन्त में उन सभी ने तथागत का शिष्यत्व स्वीकार कर लिया।

एक बार शाक्य और कोलिय नगर के वासियों में विवाद उत्पन्न हो गया। कपिलवस्तु ने निवासी शाक्य थे। शाक्य देश के अन्तर्गत कपिलवस्तु, द्रोणावस्तु, कुडिया तथा देवदह स्थान थे। कोलिय नगर के निवासी कोलिय कहलते थे। दोनों के मध्य रोहिणी नदी बहती थी। दोनों मिल कर रोहिणी के जल से अपने खेतों की सिंचाई करते थे।

एक बार भयंकर सूखा पड़ा। खेती सूखने लगी। नदी का पानी क्षीण हो गया। कोलिय कहते थे कि पहले वे पानी लेंगे और शाक्य कहते थे कि पहले वे पानी लेंगे। विवाद बढ़ता गया किन्तु निर्णय नहीं हो पाया। यहां तक कि मारपीट तक की नौबत आ गई। एक दूसरे को अपशब्द कहने लगे। कुलगोत्र की निन्दा करने लगे। जब किसी प्रकार बात नहीं बनी तो राजाओं तक बात पहुंची और दोनों ओर की सेनायें युद्ध के लिये सन्नद्ध हो गईं।

सहसा एक दिन प्रातः काल शाक्यों ने देखा कि तथागत रोहिणी नदी के मध्य में खड़े हैं।

उन्होंने तथागत को प्रणाम किया। तथागत ने दोनों में कलह का कारण जानना चाहा। पता लगने पर उन्होंने महाराजाओं से पूछा, "पानी का क्या मूल्य है?"

"कुछ नहीं।"

"मनुष्य के जीवन का क्या मूल्य है?"

"जीवन अमूल्य है।"

"तो क्या मूल्यहीन पानी के लिये अमूल्य जीवन का नाश उचित होगा?"

दोनों पक्ष मौन रह गये।

तथागत ने उपदेश किया। दोनों पक्ष युद्ध से विरक्त हो गये।

वैर से वैर

तथागत कौशाम्बी में विहार कर रहे थे। उन दिनों भिक्षु संघ में कलह हो गया था। तथागत उसे दूर कहना चाहते थे। किन्तु वे अपने विचार किसी पर लादना नहीं चाहते थे। उन्होंने भिक्षु संघ को आमन्त्रित किया। उनके परस्पर वैर को देख कर 'वैर से वैर' शान्त नहीं होता, इस विषय में कोसलराज और काशिराज की परस्पर प्रतिद्वन्द्विता की यह कथा सुनाईः

एक समय की बात है काशी में ब्रह्मदत्त का राज्य था और कोसल के राजा थे दिधिति। कोसलराज काशिराज से सब प्रकार से दुर्बल थे। काशिराज के मन में राज्य विस्तार की लालसा जगी तो उन्होंने कोसल पर आक्रमण करने का मन बनाया। कोसलराज ने सामर्थ्यानुसार उसका प्रतिवाद किया किन्तु वह समझ गया कि उसकी पराजय निश्चित है। उसने चुपचाप राजधानी से खिसक जाना उचित समझा। इससे कम से कम प्राण तो बचे रह जायेंगे। उन्होंने अपनी पत्नी को साथ लिया और निश्चय किया कि काशी में जाकर संन्यास ले लेगा। 'दीपक तले अन्धेरा' वाली कहावत उसे स्मरण थी। उसने सोचा कोई उसके काशी में होने की कल्पना भी नहीं कर सकेगा। वह राजधानी थी। विशाल नगर था।

कोसलराज काशी आकर एक कुम्हार के घर पर ठहर गये। परिव्राजक बनकर रहने लगे। कोसलराज की पत्नी गर्भवती थी। समय पर उसने पुत्र को जन्म दिया। उसका नाम दीर्घायु रखा गया। जब बड़ा हुआ तो कोसलराज ने नगर से बाहर उसके रहने की व्यवस्था कर दी। कुमार मेधावी था। स्वल्प समय में अनेक विद्याओं में पारंगत हो गया।

संयोग की बात है कि कोसल के पतन के बाद कोसलराज का नाई भी काशी में आकर

काशिराज की सेवा में नियुक्त हो गया। उसने एक दिन अपने राजा और महारानी को कुम्हार के घर पर रहते हुए देख लिया, पहचान लिया। उसने काशिराज को यह रहस्य बता दिया। काशिराज ने महारानी सहित कोसल राज को बन्दी बनाकर नगर में जुलूस निकाला।

दीर्घायु नगर में था तो उसने कोलाहल सुना, वह भी उस ओर गया। अपने माता-पिता को बन्दी देख कर उसके मन में प्रतिशोध की ज्वाला जल उठी। कोसलराज उसके मनोभाव जान गये। उन्होंने अपने पुत्र से सांकेतिक भाषा में कहा, "तात! तुम छोटा और बड़ा मत देखो। वैर से वैर शान्त नहीं होता। अवैर से वैर शान्त होता है।

नगरवासियों को यह कोसलराज का प्रलाप मालूम दिया। कोसलराज ने इसकी चिंता नहीं की और पुत्र को संकेत किया कि जो उसने कहा है उसका पालन करे। कोसलराज दम्पति को वधस्थल पर ले जाया गया और उनका वध कर दिया गया। दीर्घायु ने देखा, किन्तु मौन रहा। आंखों से आंसू भी झरने नहीं दिये।

कोसलराज तथा महारानी के शरीर को चीर कर उनके चार टुकड़े करके चार विपरीत दिशाओं में रखवाये गये और उन पर पहरा बैठा दिया गया।

दीर्घायु वाराणसी से मदिरा लेकर वधभूमि में आया। उसने प्रहारियों को खूब मदिरा पिलाई और उन्हें बेहोश कर दिया। प्रहरी जब बेहोश होकर लोट गये तो दीर्घायु ने लकड़ी एकत्रित की और माता-पिता के खण्डित अंगों को एकत्रित कर उनको चिता में रखा और उनका दाह कर्म किया।

काशिराज अपने विद्वेषी को मार कर ही शान्त नहीं हुआ। वह देखना चाहता था कि काशी में कोसलराज का कोई हितैषी भी बचा है कि नहीं। वह अपने प्रासाद के शिखर पर चढ़ गया। उसके आश्चर्य का ठिकाना नहीं रहा जब उसने देखा कि कोसल राज और उसकी पत्नी के शव चिता में जल रहे हैं। उसे विदित हुआ कि काशी में ही कोसलराज का रक्तज सम्बन्धी रहता है और उसको इसकी सूचना तक नहीं दी गई। इसे उसने अपने लिये अनर्थ समझा।

दीर्घायु चिता दाह से निवृत्त होकर चुपचाप राजभवन के निकट आया, हस्तशाला में गया। किसी प्रकार महावत को उसने अपने मधुर वचन और बुद्धि चातुर्य से शिल्प सिखाने के लिये राजी कर लिया। वह महावत का शिष्य बन गया। राजा के समीप रहता हुआ भी राजा की दृष्टि से बचा रहा।

दीर्घायु वीणा वादक भी था। दिन भर महावत के साथ रह कर हस्ती-शिल्प सीखता। रात्रि को विश्राम करने के उपरान्त प्रातः काल उठ कर वीणा बजाया करता था। राजा ने उसका स्वर

सुना। अच्छा लगा। उसने जिज्ञासा प्रकट की कि यह कौन बजाता है। उसे विदित हुआ कि महावत का शिष्य वीणावादन और गायन करता है।

राजा ने दीर्घायु को अपने पास बुलवाया। उसने स्वस्थ, हृष्टपुष्ट युवक को देखा। उसके शुभ लक्षण देखे। उसे वीणा और गायन सुनने की इच्छा हुई। दीर्घायु ने मधुर स्वर में गाया। राजा ने दीर्घायु का वीणा वादन और गायन सुना। वह उसकी कला से सन्तुष्ट हो गया। राजा ने प्रसन्न होकर उसे अपनी सेवा में रख लिया।

दीर्घायु राजा की सेवा में रहता रहा। उसके मन में कभी एक क्षण के लिये भी यह नहीं आया कि राजा उसके पिता का वधकर्ता है। इस प्रकार दीर्घायु ने राजा का पूर्ण विश्वास प्राप्त कर लिया। उसने अपने शिष्ट व्यवहार से राज प्रसाद में सबको मोह लिया था।

काशीराज एक बार मृगया के लिये जाने लगे। सेना तैयार हुई। सब साजसामग्री रखी गई। राजा ने दीर्घायु से रथ जोतने के लिये कहा। राजा ने मृगया में दीर्घायु को अपने साथ लिया। वही उनके रथ का संचालन कर रहा था।

राजा पथ पर अकेले थे। रथ आगे चलता गया और सेना पीछे रह गई थी। रथ वेग से जा रहा था। रथ और सेना की दिशायें विपरीत हो गईं। राजा समझ नहीं पा रहा था। उसे वेगगामी रथ का जाना अच्छा लग रहा था। रथ बढ़ता गया। राजा रथ में बैठा थकान अनुभव करने लगा। तब तक रथ सुदूर वन में प्रविष्ट हो गया। राज ने दीर्घायु से कहा कि वह थक गया है, विश्राम करना चाहता है।

दीर्घायु को अपने माता-पिता के वध का स्मरण हो आया। उनका वधकर्ता उसकी गोद में सोया पड़ा था। दीर्घायु बलिष्ठ युवक था। राजा बलहीन वृद्ध। यदि चाहता तो खड्ग के एक प्रहार से राजा का सिर धड़ से अलग कर सकता था, किन्तु तभी उसको अपने पिता का अन्तिम वाक्य स्मरण हो आया। उसने विचार त्याग दिया।

उसी समय अकस्मात् काशिराज की निन्दा भंग हुई। उनके मुख पर पसीना छलक रहा था। दीर्घायु ने इसका कारण पूछा। राजा ने बताया कि उसने भयानक स्वप्न देखा था। उससे ही उसकी नींद उचट गई है। दीर्घायु ने स्वप्न के विषय में पूछा तो राजा ने कहा, "मैंने देखा, जैसे कोसलराज के कुमार दीर्घायु ने खड्ग से मेरी हत्या कर दी है।

दीर्घायु उठ खड़ा हुआ। उसने एक हाथ से राजा के सिर को पकड़ा और दूसरे हाथ में खड्ग लेकर कहा, "राजन्! मैं कोसलराज दिधित का पुत्र दीर्घायु हूं।"

राजा को जैसे लगा कि उसका स्वप्न सत्य होने जा रहा है। राजा कातर हो गया। उसका

कण्ठ सूखने लगा। वह समझ गया कि वह दीर्घायु से बल, बुद्धि और विद्या में अल्प है। अब उसकी मृत्यु निश्चित है। दीर्घायु ने कहा, "देव! आप ही हमारी विपत्ति के कारण हैं। आपने हमारा सब कुछ ले लिया हैं। मुझे भिखारी और अनाथ बना दिया। क्या यह उचित समय नहीं है कि मैं उस सबका प्रतिशोध लूं ?

राजा ने दीर्घायु के चरणों में मस्तक रख कर कहा, "मुझे जीवनदान दो। मुझे मत मारो।"

"जीवन दान दूंगा। किन्तु मेरी एक शर्त है।"

"मुझे स्वीकार है। बोलो।"

"आप भी मुझे जीवनदान देंगे।"

"निश्चय ही मुझे यह स्वीकार है।"

दीर्घायु ने राजा का सिर छोड़ दिया। उसने कहा, "देव! शपथ लीजिये कि हम परस्पर द्वेष नहीं करेंगे।"

राजा ने शपथ ली। उसके सम्मुख दीर्घायु ने भी वही शपथ दोहराई। राजा ने कहा, "रथ योजित करो।"

रथा योजित किया गया। दोनों वापस राजधानी के लिये लौटे। मार्ग में कोई कुछ नहीं बोला।

राजधानी पहुंच कर राजा ने राजपरिषद समाहित की। उसने भरी सभा में कहा, "यदि कोसलराज पुत्र दीर्घायु को आप लोग पा जाएं तो क्या करेंगे ?"

किसी ने कहा हम उसकी बोटी-बोटी नोच लेंगे। किसी ने कुछ तो किसी ने कुछ कहा। दीर्घायु राजा ने समीप ही सविनय खड़ा रहा। उसने उद्विग्नता व्यक्त नहीं की। न लोगों की बातों की प्रतिक्रिया ही राजा पर हुई। उसने बड़े भोलेपन से कहा, "देखो, यह दीर्घायु खड़ा है।"

सब विस्मय से उस ओर देखने लगे। अब तक शेखी बघारने वाले सिर नीचा करने लगे। राजा ने कहा, "मैंने उसे जीवनदान दिया है। इसने भी मुझे जीवन दान दिया है।"

सबके मस्तक नत हो गये। राजा ने दीर्घायु से कहा कि उसके पिता ने मृत्यु से पूर्व जो कहा था उस रहस्य को वह जानना चाहता है।

दीर्घायु ने कहा, "पिताजी का कहना था कि चिरकाल तक वैर मत करो। मित्रों से जल्दी बिगाड़ मत करो। यदि मैं अपने पिता की प्रतिहिंसा भाव से उस बीहड़ वन में आपको मारता तो आपके हित चिन्तक मुझे मारने वाले को मार देते। उसके बाद मेरे हितचिन्तक मुझे मारने वाले को मार देते। इस प्रकार मारने की यह श्रृंखला कभी समाप्त न होती। इस लिये पिता

जी ने कहा था कि अवैर से वैर शान्त होता है।"

दीर्घायु की बाते सुनकर सबको आश्चर्य हुआ।

राजप्रासाद ही नहीं अपितु समस्त राज्य में दीर्घायु के गुणों की प्रशंसा होने लगी थी। सुन्दर स्वस्थ युवक के रूप में और कुशल वीणावादक तथा मधुर गायक के रूप में वह पहले ही प्रख्यात हो चुका था। महाराज उससे बहुत प्रभावित थे।

उसका परिणाम निकला।

काशिराज ने दीर्घायु के साथ अपनी कन्या का विवाह कर दिया।

दीर्घायु का राज्य दीर्घायु को लौटा दिया। उसकी सारी सम्पत्ति उसको लौटा दी।

इस प्रकार अवैर से दोनों राज्यों का वैर शान्त हो गया।

इस कथा के उपरान्त-विनय पिटक महायग्ग, दिधिति जातक, संघ भेदक जातक, कोशाम्बी जातक तथा उपक्किलस सुत्त आदि ग्रन्थ मौन हैं। तदपि अनुमान यही किया जा सकता है कि कम से कम कुछ समय के लिये ही सही, महासंघ का वैर-भाव कुछ शान्त हुआ होगा। सदा के लिये हुआ, यह कहना कठिन है क्योंकि उसके बाद भी अनेक बार ऐसे प्रसंग आते रहे है।

7

जीवन कौमार भृत्य

उन दिनों वैशाली समृद्धशाली थी। जनाकीर्ण, खान-पान की सामग्री से पूर्ण। सहस्रों प्रासाद, कूटागार, आराम तथा पुष्करिणियां आदि थे।

गणिका आम्रपाली वैशाली में ही निवास करती थी। वह परम रूपवती और दर्शनीय थी, अपनी कला में सर्वथा निपुण थी। वैशाली उसके कारण शोभित थी।

राजगृह का निगमायुक्त एक बार वैशाली आया तो उसके इस वैभव को देख कर आश्चर्य चकित रह गया। उसने राजगृह जाकर अपने राजा बिम्बसार से इसकी चर्चा की। राजा बिम्बसार ने उससे कहा कि वह भी राजगृह को वैशाली की भांति सुन्दर और सुसज्जित करने का प्रयास करे। निगमायुक्त ने तब राजा को गणिका आम्रपाली की बात बताई। राजा ने उससे कहा कि वह भी राजगृह में किसी गणिका की व्यवस्था करे। उससे कहा गया कि वह किसी ऐसी कुमारी की खोज करे जो राजगृह में वैशाली की आम्रपाली के समकक्ष बन सके।

निगमायुक्त ने खोज जारी की। उसको सालवती नाम की एक तरुणी में आम्रपाली के सभी लक्षण दिखाई दिये। निगमायुक्त ने उसको प्रलोभन दिया और उसे राजगृह की गणिका बना दिया। सालवती को सभी प्रकार का प्रशिक्षण दिया गया। समय पाकर वह भी आम्रपाली की भांति चतुर और निपुण गणिका बन गई।

इससे राजगृह की शोभा बढ़ी, नाम बढ़ा और ख्याति फैलने लगी।

आम्रपाली पचास कार्षापण लेकर एक रात्रि किसी के यहां व्यतीत करती थी। सालवती ने अपना शुल्क एक सौ कार्षापण रख दिया।

इस प्रक्रिया में कुछ वर्षों के उपरान्त ही सालवती अकस्मात गर्भवती हो गई। बेचारी बहुत घबराई। वह जानती थी कि पुरुष गर्भिणी स्त्रियों को चाहते ही नहीं। वह सोचती थी कि उसके

गर्भिणी होने की बात फैल गई तो उसकी मान-प्रतिष्ठा सब नष्ट हो जायेगी।

कोई अन्य उपाय न देख उसने बीमारी का बहाना बना दिया। उसने अपने दौवारिक को निर्देश दिया कि यदि कोई पुरुष उससे मिलना चाहे तो वह बता दे कि वह बीमार है।

दिन बीतते गये और सालवती का गर्भ परिपक्व होता गया।

समय पर उसके पुत्र उत्पन्न हुआ। उसने दासी को कह कर उसे सूप में रखकर कूड़े में डलवा दिया था। उसे पुत्र से घृणा थी, क्योंकि उसके कारण ही उसे गर्भावस्था के सुखहीन दिन बिताने पड़े थे।

दासी जब रोते पुत्र को सूप में रखकर ले जा रही थी, सालवती कुछ क्षणों के लिये विचलित हुई किन्तु मन कठोर कर उसने अपना द्वार बन्द कर लिया।

प्रातः काल का समय था। अभय राजकुमार राजा के दर्शन के लिये राजभवन जा रहा था। उसने घूर पर कौओं को चक्कर लगाते देखा तो उसे कौतूहल हुआ। वह सूप के पास आया। बच्चा उत्तान पड़ा हुआ था। उसके जीवित होने के कारण कौवे उसे स्पर्श नहीं कर रहे थे।

राजकुमार और उसके साथियों के मन में उस माता के प्रति अतीव घृणा होने लगी, जिसने शिशु को जन्म देकर वहां फिकवा दिया था। राजकुमार ने अपने साथियों को शिशु को उठा लेने के लिये कहा। सेवक ने शिशु को सूप सहित उठाया। राजकुमार ने उससे कहा कि वह शिशु को लेकर उसके अन्तःपुर चला गया और शिशु को दासियों को सौंप दे। उसकी अंच्छी प्रकार देख भाल करने के लिये कह दे।

शिशु जीवित मिला था। इसलिए उसका नाम जीवक रखा गया। क्योंकि कुमार ने उसकी जीवन रक्षा की थी, उसको पाला पोसा था, इसलिये उसका नाम कौमार भृत्य पड़ गया था। इस प्रकार उसका पूरा नाम हुआ जीवक कौमार भृत्य।

जीवक कौमार भृत्य दिन प्रति दिन बड़ा होने लगा। जब वह सज्ञान हुआ तो एक दिन उसके मन में यह जानने की लालसा जगी कि उसके माता-पिता कौन हैं ? उसने राजकुमार से इस विषय में जानना चाहा तो राजकुमार ने कहा कि वही उसका पिता है। 'और माता'? कुमार का प्रश्न था। उसके लिये राजकुमार ने कहा कि वह उसे नहीं जानता। जीवक उदास रहने लगा। अपने पोषक पिता के उत्तर से वह सन्तुष्ट नहीं हुआ, माता-पिता के विषय में जानने की लालसा बनी रही।

जीवक को अनेक भांति समझाया गया कि उसका भली प्रकार भरण पोषण हो रहा है, उसे किसी प्रकार का कष्ट नहीं है, फिर वह उदास क्यों रहता है ? उसकी उदासी का कारण

अपने माता-पिता के विषय में अज्ञता थी।

जीवन कौमार भृत्य ने देखा कि राज दरबार में उसी की मान प्रतिष्ठा होती है जो ज्ञानी अथवा गुणी हो। उसे स्वयं अपनी प्रतिष्ठा की चिन्ता होने लगी। अपनी जीविका की चिन्ता होने लगी। उसने सोचा कि उसे अपनी जीविका स्वयं चलानी चाहिये। इसके लिये किसी प्रकार का शिल्प ज्ञान प्राप्त करना चाहिये।

एक दिन बिना किसी से पूछे वह राजभवन से चल दिया। उसने अपने पोषक पिता को भी इस विषय में कुछ नहीं बताया।

उसे तक्षशिला के विश्वविद्यालय के विषय में ज्ञान था, वह उसी ओर चल दिया।

जीवक यथा समय तक्षशिला पहुंच गया।

जीवक तक्षशिला में दिशामुख वैद्यों की सेवा में उपस्थित हुआ। उसने उनको गुरुस्वरूप स्वीकार किया और कहा, "आचार्य! मुझे शिल्प ज्ञान प्राप्त करने की कामना है।"

आचार्य ने उसे शिष्य रूप में स्वीकार किया और उसको विद्या देने लगे। जीवक मेधावी था, परिश्रमी था, निष्ठावान था। जो कुछ पढ़ता था कण्ठस्थ कर लेता था, उसको भली प्रकार समझ लेता था। गुरु उसके परिश्रम से प्रसन्न थे, उन्होंने उसे सब कुछ सिखा दिया। इस प्रकार उसने तक्षशिला में सात वर्ष तक विद्या ग्रहण की।

एक दिन उसने अपने गुरु से कहा, "आचार्यवर! मुझे विद्या ग्रहण करते हुए सात वर्ष बीत गये, किन्तु इस विद्या का कहीं अन्त नहीं दिखाई दे रहा है। कृपया बताइये इस विद्या का अन्त कब होगा ?

आचार्य ने कहा, "कहते तो तुम ठीक हो। अच्छा एक काम करो। एक कुदाल ले लो और तक्षशिला के चारों ओर एक योजन तक भ्रमण करो और औषधिगुणों से रहित जो कोई भी जड़ी अथवा वनस्पति मिले उसे एकत्रित करके ले आओ।"

जीवक ने आचार्य को प्रणाम किया और कुदाल लेकर भ्रमण करने निकल पड़ा। उसने एक योजन ही नहीं उससे भी अधिक लम्बाई को नाप डाला, किन्तु कहीं उसको कोई ऐसी जड़ी अथवा वनस्पति नहीं मिली जिसमें कोई औषधि गुण न हो।

निराश वह अपने आचार्य के समीप गया। आचार्य ने पूछा, "भन्ते! कोई अभेषज औषधि मिली ?"

"नहीं, गुरुदेव! मुझे कुछ भी अभेषज औषधि नहीं मिली।"

'भन्ते तुम्हारी जीविका के लिए इतना ज्ञान पर्याप्त हैं। इससे तुम्हारी जीविका चल जाएगी।

"गुरुदेव ! मुझे जाने की आज्ञा है?"

"हाँ, तुम्हें राजगृह से आये बहुत वर्ष हो गये हैं अब तुम जा सकते हो।"

जीवक ने गुरूदेव की पूजा अर्चना की और राजगृह के लिये प्रस्थान किया।

तक्षशिला से चल कर जीवक साकेत तक पहुंचा ही था कि गुरुदेव द्वारा प्रदत्त पाथेय वहां समाप्त हो गया। आगे का मार्ग बीहड़ था, कहीं कुछ मिलने की सम्भावना नहीं थी, इसलिये जीवक ने सोचा कि साकेत में कुछ पाथेय अर्जित कर तब आगे जाना चाहिये।

साकेत के नगर श्रेष्ठि की भार्या विगत सात वर्ष से व्याधि ग्रस्त थी। उसे भयंकर शूल होता था। दिगंत के विख्यात वैद्य साकेत आये, किन्तु किसी को भी सफलता नहीं मिली।

जीवक को पता चला तो इसे अच्छा अवसर जानकर यह श्रेष्ठि के निवास पर जा पहुंचा। दौवारिक से सन्देश भिजवाया कि बाहर कोई वैद्य आया है। दौवारिक ऐसे अनेक वैद्यों को देख चुका था। उसे जीवक पर विश्वास नहीं हो रहा था। वह बे-मन था। उसे बेमन देख जीवक ने कहा, "भन्ते! मैं तक्षशिला से आया हूं।"

उसे जीवक की विद्या पर नहीं अपितु उसके बहुत दूर से आने पर दया आ गई। अनिच्छा पूर्वक उसने श्रेष्ठि की भार्या से निवेदन किया। श्रेष्ठि की भार्या ने पूछा, "वह है कैसा?"

"आर्ये। युवक है।"

"युवक मेरी क्या चिकित्सा करेगा? यहां तो अनुभवी वृद्ध भी कुछ नहीं कर पाये।"

"तक्षशिला से आया है।"

"यहां तो उससे भी दूर-दूर से वैद्य आ चुके है।"

"तो क्या कहूं?"

"कह दो, मुझे नहीं दिखाना।"

दौवारिक ने वही किया और जीवक ने उसे पुनः जाने के लिये कहा और कहा कि वह उसे पहले कुछ भी मूल्य आदि न दे, यदि ठीक हो जाये तो फिर जो चाहे दे दें।

दौवारिक इस बार भी अनमना-सा गया और उसने सारी बात बता कर कहा कि वह कहता है जब आप स्वस्थ हो जायें तब फिर वो चाहें दे दें।

जीवक को भीतर बुला लिया गया।

वैद्य ने रोगिणी को देखा। निदान और चिकित्सा सोची। एक पसर घी मंगवाया। उसमें अपने पास से औषधियां डाल कर उन्हें घी में पकाया। उस घी को सेठानी की नासिका में

डाला। घी नासिका द्वार से मुख में आ गया। सेठानी ने घी पीकदान में थूक कर अपनी दासी से कहा, "देखो, इसमें घी आ गया है, इसे किसी पात्र में रख दो।"

सेठानी की कृपणता देखकर जीवक का मन बैठ गया। उसे सन्देह होने लगा कि उसको उसकी बहुमूल्य औषधियों का मूल्य भी मिल पायेगा कि नहीं।

सेठानी ने उसकी मुद्रा देखी तो समझ गई। उसने कहा, "देखिये, इस घी को फेंकने से क्या लाभ ? इसे दासों के पैरों में मलवा देंगे अथवा दीप जलवा लेंगे। हम तो गृहस्थ लोग हैं।"

किन्तु जीवक का इससे समाधान नहीं हुआ।

सेठानी ने उसके मन की बात समझ कर पुनः कहा, "आचार्य! मुझे जो कुछ आपको देना होगा, वह मैं दूंगी। संग्रह करने से ही मनुष्य धनी होता है, व्यर्थ में वस्तु फेंक देने से क्या लाभ, उसका उपयोग करने में ही चतुरता है।"

सेठानी एक ही बार के प्रयोग में स्वस्थ हो गई। उसने प्रसन्न हो कर जीवक को चार हजार स्वर्ण मुद्राएं दीं। पुत्र ने माता को निरोग समझा तो उसने भी चार हजार स्वर्ण दिये। सास को विदित हुआ तो उसने भी चार हजार स्वर्ण दिये। श्रेष्ठि ने स्वयं चार हजार दिये। इसके साथ ही श्रेष्ठि ने एक दास, एक दासी और उसकी यात्रा के लिये एक अश्वयोज़ित रथ दिया, मार्ग भर का पाथेय दिया।

जीवक को यथेष्ठ पाथेय मिल गया था। उसे सम्मान भी प्राप्त हुआ था। यह सब लेकर वह राजगृह की ओर चला।

राजगृह पहुंचा। अपने पालक पिता राजकुमार के पास गया। चरणवन्दना की ओर सोलह हजार स्वर्ण मुद्रायें तथा दास दासी उसको अर्पित कीं। राजकुमार प्रसन्न हुआ। उसने कहा कि यह उसका स्वार्जित है। उसके पास ही रहना चाहिये। उससे कहा गया कि वह वहीं राजभवन के परिसर में एक आवास बनवा कर रहे।

इस प्रकार जीवक वहां सुख पूर्वक रहने लगा।

कुछ दिनों बाद राजा बिम्बसार को भगन्दर रोग हो गया। अनेक चिकित्सक बुलाये गये। रोग एक बार ठीक हो जाता, किन्तु फिर रोग उभर आता। राजा बड़ा दुखी और चिन्तित हुआ। उसने राजकुमार को अपनी व्यथा बताई। राजकुमार ने जीवक की बात बताई कि उसके यहां एक तरुण वैद्य है। राजा ने कहा, "जब वृद्ध अनुभवी वैद्य हार गए तो तरुण वैद्य क्या करेगा। राजकुमार ने राजा को अनेक भांति समझाया तो राजा ने उससे चिकित्सा करवाना स्वीकार कर लिया।

जीवक ने राजा का निदान किया और एक लेप लगाने के लिये दिया। एक ही लेप में राजा का रोग दूर हो गया।

राजा ने जीवक को दूसरे दिन बुलवाया। राजाप्रसाद की सारी स्त्रियों को राजा ने अलंकृत करवाया और फिर उनके सभी अलंकार उतरवा कर वह गठरी जीवक को दे दी। जीवक ने कहा कि राजा ठीक हो गये है। उसके लिये तो यही पर्याप्त है कि वे उसके उपकार को स्मरण रखें। राजा ने उसको अन्तःपुर और भिक्षु संघ का वैद्य घोषित कर दिया।

राजगृह का श्रेष्ठि रुग्ण हो गया। सभी वैद्यों ने चिकित्सा की पर वह स्वस्थ नहीं हुआ। वैद्यों ने घोषित कर दिया कि पांच दिन के भीतर उसकी मृत्यु हो जायेगी। बात राजा तक पहुंची। राजा ने जीवक को कहा कि वह उसकी चिकित्सा करे। जीवक रोगी के पास गया। निदान किया और उसे लगा कि रोगी अच्छा हो जायेगा। उसने श्रेष्ठि से कहा, "यदि मैं तुम्हें निरोग कर दूं तो क्या दोगे ?"

"मेरी सारी सम्पत्ति आपकी होगी और मैं आपका का दास बन जाऊंगा।"

"क्या तुम एक करवट से सात मास तक लेट सकते हो?"

"जीवन के लिये यह भी करूंगा।"

"दूसरी करवट से सात मास तक लेट सकते हो?"

"वह भी कर लूंगा।"

"पुनः सीधे सात मास लेटना होगा?"

"हां लेटूंगा।"

"ठीक है, मैं तुम्हारी चिकित्सा करूंगा।"

श्रेष्ठि को जीवन की आशा बंधी।

जीवक ने श्रेष्ठि को चारपाई से बांधा। उसके सिर को चीरा, उसमें से दो कीड़े निकले। जीवक ने वे कीड़े वहां उपस्थित लोगों को दिखाये। उसने कहा कि वैद्यों ने ठीक कहा था। यह बड़ा कीड़ा इसके मस्तिष्क को पांच दिन के भीतर खा जाता।

लोगों ने पूछा, "और जिन्होंने कहा था कि सात दिन में मर जायेगा?"

"वे भी ठीक थे। उन्होंने छोटे कीड़े के अनुमान से कहा था। वह सात दिन में इसका मस्तिष्क खा लेता।"

जीवक ने रोगी की खोपड़ी को सिया और उस पर लेप लगा दिया। इस प्रकार सात दिन तक श्रेष्ठि एक करवट लेट जाओ।"

"आपने सात मास एक करवट लेटने की प्रतिज्ञा की थी।"

"जो हो, मरना स्वीकार है, किन्तु अब मैं इस करवट अधिक नहीं लेट सकता।"

"अच्छा, दूसरी करवट लेट जाओ।"

सात दिन बाद पुनः जीवक को बुला कर श्रेष्ठि ने कहा कि वह अब अधिक नहीं लेट सकता। जीवक ने उसको उसकी प्रतिज्ञा का स्मरण कराया तो सेठ ने अपनी वेदना का उल्लेख किया। जीवक ने उसको सीधे लेटने के लिये कहा। इस प्रकार तीन सप्ताह बीत गये। श्रेष्ठि से अब लेटना दुष्कर हो गया।

जीवक को बुलाया गया। उसने कहा, "श्रेष्ठि! मैं जानता था कि आप तीन सप्ताह में ठीक हो जायेंगे।"

"तो आपने सात-सात मास की बात क्यों कही थी?"

"यदि न कहता तो आप सात-सात दिन भी लेट न पाते।"

"तो अब मैं स्वस्थ हूं?"

"हां, स्वस्थ हो। उठ कर बैठ जाओ।"

श्रेष्ठि के घरवालों को बड़ी प्रसन्नता हुई। सबने उसको चारों ओर से घेर लिया। जीवक को अपनी जीविका की चिन्ता थी। उसने श्रेष्ठि से अपने परिश्रमिक के लिए कहा तो श्रेष्ठि ने कहा ठीक है, "यह सब धन आपका है और मैं आपका दास हूं।"

"श्रेष्ठि! मैं तुम्हें दास बनाकर क्या करूंगा?"

"और धन?"

"वह भी लेकर क्या करूंगा। एक लाख राजा को और एक लाख मुझे दे दो।"

श्रेष्ठि ने ऐसा ही किया।

जीवक चिकित्सक के रूप में दूर-दूर तक विख्यात हो गया और अनेक राज्यों ने उसको बुलाया जाने लगा।

एक बार उज्जैन के राजा चण्ड प्रद्योत को पाण्डु रोग हो गया। अनेक वैद्यों ने उसकी चिकित्सा की, किन्तु वह निरोग नहीं हो सका। राजा ने मगधराज बिम्बसार से प्रार्थना की तो जीवक को उसकी चिकित्सा के लिये वहां भेज गया। जीवक ने राजा से पूछा कि क्या वह घृत पी लेगा, राजा ने कहा, वह अन्य सब कुछ कर सकता है किन्तु घृत नहीं पी सकता।

जीवक विचार करने लगा। उसने सोचा कि अन्य कोई औषधि इस पर प्रभाव नहीं करेगी। उसने घृत को काषाय वर्ण के रस में पकाया और भी अनेक वस्तुयें उसमें डालीं जिससे कि

वह विशुद्ध घृत जैसा दिखाई न दे। जब औषधि तैयार हो गई तो जीवक ने सर्वप्रथम अपने बचने का उपाय किया। उसे विदित था कि यदि राजा को पता चल गया कि उसे घृत पिलाया गया है तो वह उसको मरवा डालेगा।

जीवक ने राजा से कहा कि औषधियों को खोदने और तोड़ने के विशेष समय और क्षण हुआ करते है। विशेष दिशायें भी होती हैं। कब किस दिशा से औषधि लेने के लिये आने-जाने में किसी प्रकार का व्यवधान न पड़े तो उपयुक्त होगा।

राजा ने द्वारपालों को आज्ञा दे दी कि जीवक के आवागमन पर कोई रोकटोक न लगाई जाये।

जीवक ने पुनः कहा कि उसके आने जाने के लिये उसको जिस वाहन की जब आवश्यकता हो वह उसे दे दिया जाये। राजा ने इसकी अनुमति दे दी।

राजा के पास भद्रवतिका नाम की एक हाथिनी थी, वह एक दिन में पचास योजना चलती थी। जीवक ने उसको लेने की योजना बना ली।

इस प्रकार सारी योजना बना कर जीवक राजा के पास गया।

जीवक ने राजा को घृत की औषधि दी। राजा ने उसे औषधि समझा और ग्रहण कर लिया।

औषधि देते ही जीवक हस्तशाला में गया और भद्रवतिका को खोल कर उस पर आरूढ़ होकर वहां से नौ-दो ग्यारह हो गया।

जीवक ने जाने के कुछ समय बाद ही राजा को मालूम पड़ गया कि उसको जीवक ने घृत पिला दिया है। जीवक को बुलवाया गया।

किन्तु वह तो जा चुका था। राजा को बताया गया कि वह भद्रवतिका को लेकर वन में औषधि लेने के लिए गया है। राजा समझा गया कि वह भाग गया है।

राजा का एक काक नामक दास भद्रवतिका की गति से ही एक दिन में साठ योजन दौड़ सकता था। राजा ने उसे बुलाकर जीवक को पकड़ कर लाने के लिये कहा। राजा ने दास को सावधान कर दिया कि यदि जीवक उसे कोई वस्तु खाने के लिये दे तो वह न खाये।

काक उस दिशा की ओर भागा जिधर जीवक गया था और उसने कौशाम्बी जाकर जीवक को एक स्थान पर अत्याहार करते देख लिया। उसने उसके पास जाकर वापस राजा के पास चलने के लिये कहा।

जीवक ने उससे कहा कि वह भद्रवतिका को लेकर उज्जयिनी लौट जाये। उसका राजा तब तक ठीक हो जायेगा।

काक हथिनी लेकर उज्जैन पहुंचा और जीवक राजगृह पहुंच गया।

राजगृह पहुंच कर जीवक ने राजा बिम्बसार को सारी घटना सुना दी।

वास्तव में चण्ड प्रद्योत काक के वापस पहुंचने तक स्वस्थ हो गया था।

चण्ड प्रद्योत का एक दूत आकर जीवक से कहने लगा कि उस राजा ने स्मरण किया है। राजा उसको धन देना चाहता है। जीवक ने कहा कि राजा उसका उपकार माने उसके लिये यही बहुत है, वह गया नहीं। राजा ने शिवि देश का एक जोड़ा दुशाला जीवक ने पास भेंट स्वरूप भेजा। जीवक ने वह ले लिया।

संयोग की बात कि उन्हीं दिनों तथागत रुग्ण हुए। उन्होंने आनन्द से कहा। आनन्द जीवक के पास गया। तथागत का समाचार दिया। जीवक ने तथागत के शरीर की मालिश करने को कहा। वैसा ही किया गया। इससे कुछ लाभ हुआ। आनन्द पुनः आया तो जीवक ने औषधि दी और उसके सेवन की विधि बता दी तथा कहा कि तथागत को तीस बार छींक आ जाने पर उनका रोग दूर हो जायेगा। इस प्रकार तथागत स्वस्थ हो गये।

तथागत के स्वस्थ होने पर जीवक राजा चण्डप्रद्योत का दिया दुशाला लेकर उनके पास गया। तथागत ने उसकी उपयोगिता समझी और उसको ग्रहण कर लिया और उन्होंने भिक्षुओं को भी आदेश दिया कि आवश्यकता पड़ने पर एक गृहस्थ से प्राप्त वस्त्र धारण करने में कोई हानि नहीं है।

इसके बाद तथागत ने भिक्षुओं को छः प्रकार के चीवर धारण करने की अनुमति दी। वे क्षौम, कर्पाशिक, कौषेय, कमल, सेन तथा भंग के बने होंगे। उसके बाद उन्होंने चार कोनों से सिला हुआ वस्त्र धारण करने की भी अनुमति प्रदान की।

तथागत का सारा अनुशासन अपनी आवश्यकताओं के अनुरूप चलता था, शास्त्रों में उल्लेखित विधान से नहीं।

एक बार जीवक ने आशंका व्यक्त की। उसने कहा, "मैंने सुना है कि लोग आपके लिये पशु वध करते हैं और वह मांस आपको देते हैं। क्या आप उसे ग्रहण करते हैं ?"

तथागत ने कहा, "मैं तीन प्रकार के मांस अभोज्य मानता हूं।"

"कौन कौन से?"

"अदृष्ट, अश्रुत तथा अपरिशंकित।"

इसके स्पष्टीकरण में तथागत ने जीवक को लम्बी चौड़ी बात बताई। वह स्पष्टीकरण किसी ने भी गले उतरने योग्य नहीं है। अन्त में उन्होंने यही कहा कि जो उनके लिये हिंसा

करता है दोषी वह है, क्योंकि उन्होंने न तो गृहपति को यह कहा कि वे अमुक मांस का भोजन करेंगे और न उनको यह लालसा रही कि अमुक मांस उनको प्राप्त हुआ, उसे ग्रहण कर लिया। इसमें उनका दोष कहां?

इससे यह तो सिद्ध हुआ कि गौतम मांस भंक्षण करते थे। न केवल इतना अपितु वे मांसाहार के विरोधी भी नहीं थे।

इस विषय पर जीवक से अनेक बार वार्तालाप हुआ। अन्त में जीवक ने भी प्रव्रज्या ग्रहण की।

जीवक को श्रावकों में चौसठवां स्थान प्राप्त हुआ, उपासक श्रावकों में दशम स्थान प्राप्त हुआ।

यह सौभाग्य की बात थी कि जीवक आजन्म अविवाहित रहा था। अन्यथा उसके कुल का क्या होता यह अन्धकार में रह गया। हो सकता है तथागत उसके लिये भी कोई व्यवस्था देते।

8

बुद्ध के उपदेश

आर्य धर्म

राजगृह से तथागत का गहन सम्बन्ध रहा है। उनका अधिकांश समय वहीं वेणुवन में बीता था। एक बार वे वेणुवन के कालन्द निवाप में विहार कर रहे थे। बाहर भ्रमण के लिये निकले तो उन्होंने देखा कि राजगृह का एक गृहपति जिसका नाम सिगाल था, स्नान करने के उपरान्त दिशाओं को नमस्कार कर रहा है।

सिगाल ने पहले पूर्व दिशा को नमस्कार किया, फिर पश्चिम और फिर उत्तर के बाद दक्षिण। इस प्रकार उसने छहों दिशाओं को नमस्कार किया। तथागत ने उसे नमस्कार करते हुए देखा तो ठहर गये। उसे देखते रहे। जब वह अपना कार्य कर चुका तो उससे उन्होंने पूछा कि क्या वह यह कार्य नित्य करता है। उसने स्वीकृति में उत्तर दिया। उसने बताया कि उसके पिता ने अपनी अन्तिम इच्छा यही व्यक्त की थी कि वह दसों दिशाओं को नमस्कार करे, वन्दना करे, उनकी पूजा करे।

तथागत ने उसे बताया कि 'आर्य धर्म' में इस प्रकार दिशाओं को नमस्कार करने का विधान नहीं है। यहां पर बौद्ध ग्रन्थों में 'आर्य धर्म' का ही उल्लेख है, बौद्ध या किसी अन्य धर्म का नहीं। तदनन्तर सिगाल के पूछने पर तथागत ने उसको धर्म की शिक्षा दी और दीक्षा भी दी। उन्होंने उसको कहा कि माता-पिता, आचार्य, पत्नी, मित्र, सेवक तथा साधुओं की सेवा करना ही छह दिशाओं की पूजा करना होता है। उन्होंने बताया कि माता-पिता पूर्व दिशा हैं, आचार्य दक्षिण दिशा है, पुत्र तथा स्त्री पश्चिम दिशा है, मित्र और मन्त्री उत्तर दिशा हैं, दास, कर्मकार अधोदिशा है तथा श्रमण, ब्राह्मण अर्ध्व दिशा है।

सिगाल का इससे समाधान हो गया और तदुपरान्त वह इसी प्रकार दिशाओं का पूजन वन्दन करने लगा। तथागत का उपदेश सुनकर सिगाल की माता उनकी अनुगामिनी बनी और

उसने भिक्षुणी श्राविकाओं में तेरहवां स्थान प्राप्त किया।

उसी राजगृह के उसी वेणुवन के कलन्दन निवाप में आयुष्मान् वक्कुल विहार करते थे। वह अस्सी वर्ष की आयु में प्रव्रजित हुए थे। वक्कुल का एक अभिन्न मित्र था अचेल। वह नग्न साधु था। एक दिन वह वक्कुल के पास आकर उनके व्यक्तिगत जीवन के विषय में भांति-भांति के प्रश्न पूछने लगा। वक्कुल ने उसको सविस्तार अपनी अस्सी वर्षो की मनोदशा का वर्णन किया। जिसका सारांश यह था कि उन अस्सी वर्षों में उनको किसी प्रकार के विकार ने विचलित नहीं किया था। अचेल काश्यप उनसे बड़ा प्रभावित हुआ और उसने भी प्रव्रज्या ग्रहण की।

वक्कुल ने उपदेश किया:

वे सुख स्थान से वंचित होते हैं, जो प्रथम करणीय को पश्चात करना चाहते हैं। उन्हें पश्चाताप होता है। जो कर्म किया जाये, उसे कहना उचित है। जिसे न किया जाये, उसका कहना अनुचित है। जो बिना कर्म किये बात करता है उसका ज्ञानियों को ज्ञान हो जाता है। सम्यक् सम्बुद्ध द्वारा निर्देशित निर्वाण सुखकर है। शोक रहित है, रज रहित है। वह क्षेम है। वहां दुख का निरोध हो जाता है।

तथागत सुहूम देश में थे, शिलावती में विहार कर रहे थे। उनके निवास से कुछ हट कर अनेक अप्रमादी, उद्योगी संयमी विहार कर रहे थे। उनके निवास से कुछ हट कर अनेक अप्रमादी, उद्योगी, संयमी विहार कर रहे थे। मार ने ब्राह्मण का वेश बनाया, वृद्ध बन गया। वह मृगचर्म धारण करता और गूलर दण्ड हाथ में रखता। इस प्रकार वेश धारण कर भिक्षुओं के पास पहुंचा और उनसे कहने लगा कि उन्होंने इस अल्पायु में प्रव्रज्या क्यों ली ? उन्होंने संसार सुख देखा ही कहां है, उनको संसार में रहना चाहिये था, आदि-आदि।

उसने कहा कि उनको चाहिये कि मनुष्य योग्य कर्मों को करें। अभी उनके कालान्तर की चिन्तन करने की आयु नहीं है। भिक्षुओं ने उससे कहा कि वे तो वर्तमान के पीछे हैं, उन्हें कालान्तर की चिंता नहीं है। मार उन्हें विचलित नहीं कर सका। जिस प्रकार आया था अपना-सा मुख लेकर चला गया।

तथागत को इसका ज्ञान हुआ तो उन्होंने एक बार जब श्रावस्ती के जेतवन में भिक्षु संघ को एकत्रित किया था। उस समय इस विषय में उपदेश देते हुए कहा —

"अतीत के पीछे मत दौड़ो। भविष्य की चिन्ता में मत पड़ो। अतीत नष्ट हो चुका है। भविष्य निकट भविष्य में नहीं आ सकेगा। वर्तमान धर्म को सब स्थान पर देखना चाहिये। कर्तव्य पथ में

अविलम्ब आज ही आरूढ़ होना चाहिये। कौन कह सकता है, कल मृत्यु हो जाये। मृत्यु महासेना के आगमन का कोई समय निश्चित नहीं है। आलस्यहीन, दिवा रात्रि उद्योगी इस प्रकार विहरता है। अतीत का अनुगमन करने से वेदना होती है, भविष्य की कल्पना से राग उत्पन्न होगा। वर्तमान की चिन्ता करने वाला, प्रत्युपन्न धर्मों में अनुरक्त होता है।"

मरण-धर्मा प्राणी

जीवक कौमार भृत्य की ही भांति कृशा गौतमी का भी गौतम के जीवन में बहुत बड़ा स्थान है। जीवक की कथा का वर्णन हम पिछले पृष्ठों पर कर आये हैं। यद्यपि उसमें गौतम और जीवक के पारस्पारिक जीवन से सम्बन्धित कुछ ही पंक्तियां हैं, तदपि बौद्ध साहित्य में जीवक का उल्लेख आना अत्यन्त अनिवार्य है। कथाचित उससे यह सिद्ध करने का अभिप्राय हो कि ऐसे-ऐसे महान् चिकित्सक, शल्यक्रिया विशेषज्ञ सदृश व्यक्ति भी गौतम के पट्टशिष्यों में से थे।

कृशा गौतमी श्रावस्ती के एक अतिनिर्धन परिवार में जन्मी थी। उसका नाम गौतमी था। क्योंकि वह अत्यन्त कृश थी, इसलिये उसको कृशा गौतमी कहते थे।

राजकुमार सिद्धार्थ ने अपने यौवन काल में जिस कृशा गौतमी से निवृत्ति मार्ग का प्रथम पाठ पढ़ा था, यह उससे भिन्न थी।

ईश्वर की कृपा से वह जितनी निर्धन थी उतनी ही वह सुन्दर थी। परिणाम स्वरूप एक सम्पन्न परिवार में उसका विवाह हो गया। किन्तु वहां उसका तिरस्कार होता था, जिसे वह चुपचाप सहन करती थी। अन्य कोई कोई विकल्प भी तो नहीं था।

समय बदला। वह गर्भवती हुई और समय पर उसके गर्भ से एक पुत्र रत्न उत्पन्न हुआ। इससे सबका मान बढ़ने लगा। अब वह सबकी प्रिय हो गई थी। अकस्मात उसका पुत्र बीमार हो गया। विधि का विधान, कोई उसको बचा नहीं सका। गौतमी विक्षिप्त हो गई। उसने अपने पुत्र के शव को अपने शरीर से चिपटा लिया, जिससे कि कोई उसको श्मशान न ले जा सके।

कृशा गौतमी शव लिये नगर में घूमने लगी। वह सबसे अपने पुत्र का जीवन मांगती। लोग उसकी दशा देखकर दुखी होते किन्तु वे कर क्या सकते थे ?

किसी ने उसको कहा कि वह गौतम बुद्ध के पास पाए। कदाचित वहां उसको उसके पुत्र को जीवित करने की औषधि मिल जाये।

तथागत उन दिनों जेतवन में विहार कर रहे थे। कृशा उने समीप जा पहुंची। तथागत को

देखते ही उसका रुदन बढ़ गया। तथागत ने उससे कहा —

"देवी! पुत्र मर गया है?"

"हाँ, भगवान्! मर गया है। इसे जिला दीजिये।"

"जिसने जन्म लिया है उसे तो मरना ही होता है।"

"नहीं, इसे तो जिला ही दीजिये। लोग कहते है आप भगवान हैं आप जिला देंगे।"

तथागत ने कुछ सोचा और फिर उससे कहा, "गौतमी ! कुछ पीले सरसों के दाने लाओगी?"

"लाऊंगी।"

"कहां से लाओगी?"

"नगर में जाकर किसी से भी मांग लाऊंगी"

"ठीक है ले आना। किन्तु एक शर्त है। तुम्हारे लड़के को वही सरसों के दाने जिला पाएंगे जिन्हें तुम उस घर से लाओगी जिस घर में कभी कोई मरा न हो।"

"भगवन्! ऐसा ही करूंगी।"

कृशा अपने पुत्र का शव लिये नगर के द्वार-द्वार घूमती रही, सरसों मांगती रही। किन्तु उसे कोई घर ऐसा न मिला जहां कभी न कभी न कोई मरा न हो।

कृशा गौतमी श्रावस्ती के प्रत्येक घर में गई। इसमें उसे दिन लग गये किंतु उसे कोई घर ऐसा नहीं मिला जहां से उसे सिद्धार्थक अर्थात् पीले सरसों के दाने मिल जाते।

धीरे-धीरे गौतमी को आभास होने लगा कि उसके पुत्र का मर जाना कोई नई बात नहीं है। सबके यहाँ तो मरते हैं। उसके ज्ञानचक्षु खुलने लगे।

कृशा गौतमी को अपने पुत्र के मृत शव से विराग हो गया। उसने शव को वन में छोड़ दिया। शव को छोड़ कर यह जेतवन की ओर चल दी। वह गम्भीर और मननशील दिखाई दे रही थी।

वह तथागत के समीप पहुंची, उनकी वन्दना की। तथागत ने देखा शव नहीं है। कुछ पूछा नहीं। जो पूछा वह था, "कृशा! कहीं सरसों मिली?"

"नहीं भन्ते!"

"देवी! कुल का धर्म, ग्राम का धर्म, जनपद का धर्म, देश का धर्म, देवी सहित समस्त लोक का धर्म एक ही है - वह है अनित्यता। हानि और लाभ का जो ज्ञान रखता हुआ एक सौ वर्ष जीवित रहता है, उससे हानि और लाभ समझ कर जीने वाले का एक दिन उत्तम है।"

"भन्ते! समझ गई। मुझे प्रवज्या मिले, उपसम्पदा मिले।"

कृशा ने प्रव्रज्या ली। वह विदुषी बनी। कालान्तर में उसने उदान कहाः

"मूर्ख सदाचारी मित्रों के संसर्ग से पण्डित होता है। ज्ञान की वृद्धि सत्पुरुषों के पथानुगमन से होती है। उनकी सेवा द्वारा दुखों से मुक्ति मिलती है।"

श्राविकाओं की तालिका में कृशा गौतमी को तिरपनवां तथा भिक्षुणी श्राविकाओं में बारहवां स्थान प्राप्त हुआ। वह रुक्ष चीवरधारियों में अग्र हुई।

साधुओं का षड्यन्त्र

तथागत की ख्याति बढ़ती रही। उनके विरोधी उनकी अवमानना करने के यत्न करते रहे।

तथागत श्रावस्ती में अनाथपिण्डक के जेतवन में विहार कर रहे थे।

कुछ अन्य सम्प्रदाय के साधु संन्यासियों को तथागत की यह प्रसिद्धि अखरती रही।

उन्होंने एक षड्यन्त्र के द्वारा उन्हें पथच्युत करना चाहा।

श्रावस्ती में सुन्दरी नाम की एक परिव्राजिका थी। उन साधुओं ने सुन्दरी के समीप जाकर कपटपूर्ण निवेदन किया, "बहन! क्या अपनी जाति का कुछ उपकार कर सकोगी?"

"क्यों नहीं। जाति के लिये ही तो हमारा जीवन है। कहिये मैं क्या करूं?"

"आप पूजा करने के लिए नित्य जेतवन जाया करें।"

"यह कौन-सी बड़ी बात है। मैं नित्य जाया करूंगी।"

सुन्दरी पूजा की सामग्री लेकर नित्य जेतवन जाने लगी। कुछ दिनों तक यह क्रम चलता रहा। श्रावस्ती भर में यह प्रसिद्ध हो गया कि सुन्दरी साध्वी नित्य प्रति जेतवन जाया करती है। साधुओं को अपने षड्यन्त्र को सफल करने का अवसर मिल गया। जब प्रसिद्धि हो गई तो एक दिन उन्होंने सुन्दरी को मार कर जेतवन की गन्ध कुटी के समीप खाई में गाड़ दिया। अपने षड्यन्त्र की सफलता पर वे बड़े प्रसन्न थे।

नगर में विख्यात हो गया कि सुन्दरी साध्वी लुप्त हो गई है।

राजा तक समाचार पहुंचा। राजा ने जब पूछा तो उसको बताया गया कि वह नित्य प्रातः काल जेतवन जाया करती थी। लोगों ने जेतवन पर अपना सन्देह व्यक्त किया। राजा ने जेतवन में जाकर खोज करने के लिये कह दिया।

साधुओं ने जेतवन को छान मारा। अन्त में उनको खाई में सुन्दरी का शव ग्रहण हुआ।

उन्होंने शव को एक चारपाई पर डाला और श्रावस्ती भर में उसको घुमा दिया। साथ में कहते गये कि श्रमण धूर्त है, पाखण्डी है आदि।

यह देखकर श्रावस्ती का जन समाज श्रमणों के विरुद्ध हो गया। एक प्रकार से उनका श्रावस्ती में रहना दूभर हो गया। आनन्द ने तथागत से किसी अन्य स्थान पर चलने के लिये कहा। किन्तु इस मिथ्या अपवाद के कारण स्थान त्यागना तथागत को उचित नहीं लगा। भिक्षु आ-आकर अपनी व्यथा सुनाते। तथागत उनको कहते कि यह दुष्प्रचार अधिक दिन तक नहीं चलेगा। आप लोग इस दुष्प्रचार का उत्तर दीजिये और कहिये कि यह कोई षड्यन्त्र था।

विरोधी प्रचार का उत्तर दिया जाने लगा। लोगों में पुनः विश्वास उत्पन्न होने लगा। धीरे-धीरे उनके मन में आने लगा कि कदाचित श्रमणों ने यह कार्य नहीं किया, अन्यथा ये यहां से भाग जाते।

राजा ने गुप्तचरों को नियुक्त किया। साधुओं ने हत्यारों को हत्या के लिये धन दिया था। हत्यारे धन पाकर मद्यशाला में गये। खूब मद्य पिया। एक हत्यारे के मुख से मद्य के प्रभाव में निकल गया, "मैंने ऐसा मारा कि एक ही प्रहार में सुन्दरी मर गई। उसे मैंने नाले के कूड़े के भीतर फेंक दिया।"

यह बात मद्यशाला से बाहर फैलने लगी। राजप्रहरियों ने उन मद्यपानियों को पकड़ लिया। पकड़े जाने पर उन्होंने सारी बात सच-सच बता दी।

साधुओं को राजा के सम्मुख उपस्थित किया गया। राजा ने जब उनसे पूछा कि क्या उन्होंने यह दुष्कृत्य करवाया था? तो उन्होंने स्वीकार किया और क्षमा याचना करने लगे। राजा ने उनसे कहा कि उनका यही दण्ड है कि वे नगर के प्रत्येक मोहल्ले में जाकर जोर-जोर से कहें कि यह हत्या उन्होंने करवाई थी, श्रमणों का इसमें कोई दोष नहीं है।

साधुओं को यही करना पड़ा।

श्रमणों को उनका खोया सम्मान प्राप्त हुआ।

तथागत ने उपदेश किया।

"वचनों द्वारा असंयमी लोग आक्रमण करते हैं, वचनों से उसी प्रकार बंधते है जैसे युद्धों में शत्रुओं द्वारा कुंजर बांधा जाता है। कुटु शब्द भी सुनकर अदृष्ट चित्र भिक्षुओं को उस पर ध्यान नहीं देना चाहिये।"

* * *

शिष्य का चमत्कार

बौद्ध साहित्य में तथागत के तप बल और योगबल की अनेक कहानियां प्रचलित हैं। अपने योगबल से तथागत ने बहुत कुछ कर दिखाया था। इतना ही नहीं उनके अनेक शिष्य भी इस विद्या में पारंगत थे। किन्तु न जाने क्यों जीवक द्वारा श्रेष्ठि की खोपड़ी फाड़ कर उसके भीतर से कीड़े निकाल कर उसे सीने और तीन सप्ताह के भीतर उसके स्वस्थ होने की घटना को तथागत के प्रभाव का परिणाम घोषित नहीं किया गया। केवल चण्ड प्रद्योग द्वारा प्रदत्त शाल के जीवक द्वारा तथागत से भेंट करने की घटना को ही महत्व दिया गया।

श्रावस्ती में वत्स गोत्र का एक ब्राह्मण कुल था।

यहां पर यह भी उल्लेखनीय है कि तथागत ने ब्राह्मण कुल पर ही अधिक प्रहार किया है। तथागत के जितने भी प्रबुद्ध शिष्य हुए है, वे सब ब्राह्मण कुलोत्पन्न ही थे। तदपि तथागत ने अपना उपस्थापक अपने चेचेरे भाई आनन्द को बनाया, किसी प्रबुद्ध ब्राह्मण श्रावक अथवा उपासक को नहीं।

उस कुल में पिलिन्द वत्स नामक एक व्यक्ति था। उसने एक सिद्धि प्राप्त की थी। उसे चुल्ल गान्धार दिया कहते है। इस विद्या के कारण उसको बहुत प्रसिद्धि प्राप्त हुई। किन्तु तथागत को यह कहां सहन होता!

किवंदन्ति है कि जब तथागत को बुद्धत्व प्राप्त हो गया तो पिलिन्द की सिद्धि समाप्त हो गई। उसे विदित हुआ कि तथागत ने महागान्धार सिद्धि प्राप्त की है। उसके कारण चुल्ल गान्धार सिद्धि का प्रभाव नष्ट हो गया है। पिलिन्द को वह विद्या जानने की आकांक्षा हुई। उसने प्रव्रज्या ग्रहण की, संघ में सम्मलित हुआ। क्यों कि तथागत ने उससे कहा था कि शासन में सम्मिलित होने पर ही विद्या प्राप्त हो सकती है।

क्या यह तथागत का पक्षपात नहीं था। केवल शासन में सम्मिलित होना ही विद्या प्राप्ति की योग्यता हो सकती थी?

एक बार पिलिन्द मार्ग से जा रहा था कि एक नागरिक एक पात्र में पिप्ली लिये हुए जा रहा था। पिलिन्द ने उससे पूछ लिया कि वह उस पात्र में क्या लिये हुए जा रहा है ? नागरिक को लगा कि कहीं श्रमण उससे वह मांग न ले, इसलिये उसने क्रोध में कह दिया 'मूस की लेड़ी है।'

इससे यह भी सिद्ध होता है कि श्रमणों के विषय में नागरिकों में वह श्रद्धा भक्ति नहीं रह गई थी, इसीलिये तो नागरिक ने ऐसा उत्तर दिया।

पिलिन्द हँसा और उनकी हँसी पर क्रुद्ध होकर नागरिक ने अपना पात्र खोला तो वास्तव में उसमें मूस की लेड़ी ही थी।

इससे दूसरी बात सिद्ध होती है कि तथागत के श्रमण प्रतिक्रियावादी थे। वे नागरिक को क्षमा करना नहीं सीखे थे। अन्यथा इस प्रकार का शाप देने की आवश्यकता नहीं थी।

नागरिक पिलिन्द का चमत्कार देख कर घबराया। उसने क्षमा याचना की। पिलिन्द ने उसे क्षमा किया और सावधान किया कि भविष्य में इस प्रकार का व्यवहार न करे।

पिलिन्द एक बार वाराणसी गये। जिस कुटम्ब में वे टिके उस कुटुम्ब ने उनका यथोचित आदर सत्कार नहीं किया। इसका तत्काल परिणाम हुआ। उसके घर में डाका पड़ गया। डाकू गृहस्थ की दो कन्याओं को उठाकर ले गये।

पिलिन्द ने अपने योग बल से लड़कियां वापस मंगवा लीं।

एक बार पिलिन्द राजगृह में एक गुफा का निर्माण करवा रहे थे। उन्हें असंख्य दास-दासियों की आवश्यकता थी, किन्तु तथागत ने इसकी व्यवस्था नहीं दी थी। राजा पिलिन्द के पास गया। आरामिक भेजने चाहे। पिलिन्द ने बताया कि तथागत ने आरामिक रखने को मना किया है। काम चलाना कठिन समझ पिलिन्द ने तथागत के पास सन्देश वाहक भेजा। उसने पिलिन्द की सारी बात बताई तो तथागत ने दास-दासियां अथवा आरामिक रखने की व्यवस्था दे दी।

पिलिन्द ने राजा को सूचना दी कि तथागत ने आरामिक रखने की व्यवस्था दे दी है। राजा ने कहा ठीक है, वह आरामिक भेजेगा।

राज कार्य में व्यस्त हो गया। वह भूल गया कि उसे पिलिन्द की गुफा के लिये आरामिक भेजने है। बहुत समय बाद जब राजा को स्मरण आया तो उसे चिन्ता होने लगी। क्योंकि तब तक पांच सौ रात्रियां बीत चुकी थीं। राजा ने अपने आमात्य से कहा कि तुरन्त आरामिक भेजे जायें।

आमात्य ने पांच आरामिक भेज दिये। उनसे एक ग्राम बस गया। उसे आरामिक ग्राम कहते हैं। पिलिन्द-ग्राम भी उसे ही कहते है।

एक दिन पिलिन्द भिक्षाटन के लिये निकले। उस दिन ग्राम में मेला लगा हुआ था। नगर की महिलायें श्रृंगार से सज्जित थीं। पिलिन्द जिस घर में भिक्षा के लिये गये उस घर में एक

बालिका आभूषणों के लिये रो रही थी। पिलिन्द ने उसके रोने का कारण पूछा तो गृहपति ने बताया कि वे लोग निर्धन है, कन्याओं को अलंकार नहीं दे सकते।

पिलिन्द ने कुछ सोचा और एक तृण उठाकर बालिका की माता को देखकर कहा कि उसे यह बालिका के सिर पर रख दे।

तृण रखते ही बालिका सुवर्ण माला युक्त अभिरूपा हो गई।

बालिका प्रसन्नता से उछलने लगी। गृहपत्नी ने पिलिन्द के चरणों पर मस्तक रख दिया।

लोगों में उस बालिका की माला की चर्चा होने लगी। दरिद्र निर्धन व्यक्ति की बालिका के गले में यह मूल्यवान माला कहां से आ गई।

बात राजा तक पहुंची। राजा ने उस परिवार को बन्दी बना लिया।

दूसरे दिन पिलिन्द फिर उसी ग्राम में भिक्षा के लिये गये। उन्हें पता चला कि राजा ने उस दरिद्र परिवार को चोरी के सन्देह में बन्दी बना लिया है।

पिलिन्द राजा प्रसाद में जा पहुंचे। उन्होंने पूछा कि क्या महाराज ने आरामिक कुल को बन्दी बनाया है। महाराज ने बताया कि जो स्वर्ण माला राजा के अन्तः पुर में भी नहीं मिल सकती थी, वह उसके पास पाई गई है, निस्सन्देह वह चोरी की होगी।

"ओह!" पिलिन्द के मुख से निकल गया।

तभी पिलिन्द ने राजा के भवन की ओर देखा। राजा का भवन सुवर्णमय हो गया। राजा को विस्मय हुआ। पिलिन्द ने बड़े मृदु स्वर में राज से पूछा, "राजा! इतना सुवर्ण कहां से आ गया?"

राजा लज्जित हो गया। वह पिलिन्द के चरणों में गिर पड़ा।

आरामिक के परिवार को तुरन्त मुक्त किया गया।

पिलिन्द के इस चमत्कार से समस्त भिक्षु संघ ही नहीं, तथागत भी चमत्कृत हुए थे।

आरम्भ में यह तो लिखा गया है कि पिलिन्द सिद्धि प्राप्त करने के लिये तथागत के पास गये थे, किन्तु उन्होंने कब और किस प्रकार सिद्धि प्राप्त की, इसका वर्णन कहीं नहीं है। हाँ, उनके योगबल का बखान स्थान-स्थान पर किया गया है। जिसके कुछ उदाहरण हम ऊपर दे आये हैं।

क्या यही था तथागत के सुधार का प्रकार ? क्या इसी लिये उन्होंने राज-पाठ छोड़ा था?

* * *

मांस भक्षण

तथागत ने राजगृह से प्रस्थान किया। चारिका करते हुए वाराणसी पहुंचे। ऋषि पत्तन मृगदाव में विहार करने लगे।

सुप्रिया और सुप्रिय नामक दो उपासक और उपासिका थे। वे श्रद्धालु थे, संघ-सेवक थे। वाराणसी निवासी थे।

यह प्रसंग अंगुत्तर निकाय और विनय पिटक महावग्ग में वर्णित है।

सुप्रिया रोगी की सेवा में तत्पर रहती थी वह विशेषतया रुग्ण भिक्षुओं की परिचर्या करती थी, इसलिये वह इस विहार से दूसरे विहार में जाया करती थी। वह देखती थी कि क्या किसी भिक्षु को परिचारिका की आवश्यकता तो नहीं है।

सुप्रिया ने एक विहार में एक कृशकाय भिक्षु को देखा। वह लेटा हुआ था। सुप्रिया उसके पास गई। पूछा, "आपको किसी वस्तु की आवश्यकता है?"

"हां भगिनी! तुझे प्रातच्छादनीय पथ्य चाहिये।"

सुप्रिया को विस्मय हुआ। अर्थात् भिक्षु को पथ्य चाहिये था। वह भी मांस का।

सुप्रिया अपने घर गई और सेवक से वैसा मांस लाने के लिये कहा। सेवक ने सारा वाराणसी छान मारा किन्तु उसको कहीं मरे हुए पशु का मांस नहीं मिला। वह पशु मरवा कर ला नहीं सकता था, क्योंकि विनय के लिये पशु हत्या करना वर्जित था। दूसरे का मारा हुआ मांस भिक्षु ग्रहण कर लेते थे। यही प्रातच्छादनीय मांस कहलाता था।

सेवक उदास लौट आया।

सुप्रिया सोच में पड़ गई। भिक्षु को मांस पथ्य न देना तो वचन तोड़ना हो जायेगा। इसके अतिरिक्त पथ्य के अभाव में रोग में वृद्धि भी हो सकती है। सुप्रिया को चिन्ता होने लगी।

सुप्रिया ने दासी से खड्ग मंगवाया। दासी चकित हुई, फिर भी खड्ग लाई। सुप्रिया ने खड्ग हाथ में लिया। अपनी जांघ खोली और बोली, "हन्त! मेरे इस मांस को पकाना। फिर विहार में ले जाकर रोगी भिक्षु को खिला देना।"

"आर्य! तो क्या आप अपना शरीर काटेंगी?"

"इसमें दोष क्या है? मैं अपना ही मांस तो काट रही हूं, किसी का वध नहीं कर रही हूं।"

सुप्रिया ने मांस काट कर दासी को दिया और अपने घाव पर मरहम पट्टी करके वह

बिस्तर पर लेट गई।

उपासक सुप्रिय आया तो उसने सुप्रिया को कहीं नहीं देखा। दासी ने बताया कि वह अपने कक्ष में लेटी हुई है। सुप्रिय अपनी पत्नी के शयन कक्ष में गया। उसका कुशल समाचार पूछा तो पत्नी ने उस दिन की सारी घटना अपने पति को विस्तार से बता दी।

पत्नी के इस प्रकार त्याग की घटना सुनकर सुप्रिय को अपनी पत्नी पर बड़ा गर्व हुआ। उसने उसकी मुक्त कंठ से प्रशंसा की। पति की बात सुन कर पत्नी भी गद्‌गद हो गई, यद्यपि उसे अपने त्याग की प्रशंसा अच्छी नहीं लगती थी, तदपि पति का अपने प्रति स्नेह देख कर वह प्रसन्न हुई।

सुप्रिय नियमानुसार विहार में गया और उसने तथागत से निवेदन किया कि अगले दिन वे उसके निवास पर भिक्षा ग्रहण कर उसे उपकृत करें। तथागत ने स्वभावानुसार अपनी मौन स्वीकृति दे दी।

दूसरे दिन तथागत अपने शिष्यों के साथ सुप्रिय के निवास पर भिक्षाचरण के लिये गये। सुप्रिय ने उनका यथोचित स्वागत सत्कार किया। किन्तु तथागत को जब स्वागत में गृहिणी कहीं नहीं दिखाई दी तो उन्होंने उसके विषय में जानना चाहा। सुप्रिय ने बताया कि उसकी पत्नी कुछ अस्वस्थ होने के कारण स्वयं सेवा के लिये उपस्थित नहीं हो पाई है।

तथागत ने उसे देखने का आग्रह किया, सुप्रिय उसको सहारा देकर ले आया। सुप्रिया को चलने में कष्ट हो रहा था। तथागत ने यह देखा। किन्तु ज्यों ही सुप्रिया ने तथागत के दर्शन किये कि उसकी सारी पीड़ा और सारी व्याधि जाती रही। वह तथागत को प्रणाम करने स्वयं चलकर उनके समीप आई। उसका घाव भर गया था और तत्काल ही उस पर रोम भी उग आये थे। वहां उपस्थित सब शिष्यों और नागरिकों ने यह चमत्कार अपनी आंखों से देखा गया था।

तदनन्तर सुप्रिया ने स्वयं अपने हाथ से तथागत को भिक्षा दी। तथागत सन्तुष्ट होकर चले गये।

विहार में पहुंच कर तथागत ने भिक्षु संघ को आमन्त्रित किया और फिर पूछा, "सुप्रिया से किसने मांस भोजन की याचना की थी?"

बीमार भिक्षु ने कहा, "भन्ते! मैंने।"

"मांस आया?"

"हां भन्ते।"

"ग्रहण किया?"

"हां भन्ते! ग्रहण किया।"

"किसका मांस था, यह जानने का यत्न किया था?"

"नहीं भन्ते।"

"क्यों?"

भिक्षु निरुत्तर हो गया। भगवान ने उसे फटकारते हुए कहा, "मूढ़पुरुष! बिना जाने तुमने मांस ग्रहण किया। तुमने मनुष्य का मांस खाया है।"

यह सुनकर आगत भिक्षुओं में एक प्रकार से सन्नाटा-सा छा गया। बीमार भिक्षु लड़खड़ाता हुआ बैठ गया। तथागत ने कहा, "सुप्रिया ने इसे अपना मांस दिया था, और इसने खा लिया।"

सभी बीमार भिक्षु की ओर घृणा की दृष्टि से देखने लगे। तथागत ने कहा, "भिक्षुओ जगत में ऐसे भी मनुष्य है जो भिक्षुओं को अपना मांस तक प्रदान कर देते है। किन्तु भिक्षु को मनुष्य का मांस नहीं खाना चाहिये। इसके अतिरिक्त हाथी, अश्व, श्वान, सर्प, सिंह, बाघ, चीता, भालू लकड़बग्घा आदि का भी मांस नहीं खाना चाहिये।"

"भन्ते! यदि कोई इनका मांस खाले तो उस खाने वाले को क्या होगा?"

"उसे दुष्कृति दोष लगेगा।"

तदनन्तर भगवान की वाणी में श्राविका एवं उपासिकाओं में सुप्रिया को सातवां स्थान प्राप्त हुआ। वह सुश्रुषिकाओं में अग्र हुई।

इस घटना का उल्लेख बौद्ध साहित्य अंगुत्तर निकाय और विनय पिटक महावग्ग में विस्तार से किया गया है।

मांस भक्षण के ऐसे अनेक उदाहरण बौद्ध साहित्य में सर्वत्र उपलब्ध हैं।

विचित्र वैराग्य

तथागत राजगृह के वेणुवन में विहार कर रहे थे। राजगृह निवासी एक विशाख नामक श्रेष्ठि एक दिन तथागत का उपदेश सुनने आया तो उसको गृहस्थ जीवन से सहसा विरक्ति होने लगी। उपदेश सुनने के उपरान्त विशाख जब घर पहुंचा तो वह अपने कक्ष में जाकर बैठ गया। पत्नी आई तो उससे कुछ बोला नहीं। पत्नी ने पति को गम्भीर मुद्रा में देखा तो चिंतित हुई।

विशाख की पत्नी का नाम धर्मदत्ता था। बौद्धों की भाषा में उसको धर्मदिन्ना दिया कहा गया है। भाषा की यह विकृति पालि की देन है। बौद्धों ने पालि भाषा पर अधिक बल दिया है, उसे बोलचाल की भाषा बनाया है। जबकि स्वयं गौतम ने संस्कृत को ही महत्व दिया था। वे 'धर्मं शरणं गच्छामि' की दीक्षा देते थे, किन्तु कालान्तर में बौद्धों ने 'धर्मं के स्थान पर 'धम्म' कर दिया।

धर्मदत्ता ने अपने पति से साहस करके पूछा, "आप बोलते क्यों नहीं? क्या मैंने कोई अपराध किया है।"

"नहीं तुम्हारा तो कोई दोष नहीं है। मैंने ही बुद्ध का शासन ग्रहण कर लिया है। स्त्री स्पर्श वर्जित है। घर पर भोजन भी नहीं करूंगा।"

"तो"

"मैं भिक्षा मांगूगा।"

"मैं क्या करूंगी?"

"तुम यह सारी सम्पति ले कर अपने मायके चली जाओ।"

"जी नहीं, मैं आपके यहां से नहीं जाऊंगी। भला बताइये, मैं भी आपकी ही भांति प्रव्रज्या क्यों न ले लूं?"

पति बोला, "यह तो बहुत अच्छी बात है। तुम भी प्रवज्या ले लो तो इसमें हानि क्या है।"

विशाख अपनी पत्नी को एक सज्जित शिविका में बैठा कर विहार में ले गया और उसे भी धर्म में दीक्षित करवा लिया। अब धर्मदत्ता भी अपने पति के समान ही परिश्रम पूर्वक श्रमण धर्म का पालन करती हुई, उस तथागथित धर्म पर पथ पर अग्रसर होती गई। भिक्षुणी संघ के साथ विहार में ही निवास करने लगी और ज्ञान प्राप्त करने लगी।

धर्मदत्ता धर्मपथ पर इतनी अग्रसर हुई कि एक दिन उसका अपना पूर्वपति विशाख ही उससे धर्मोपदेश सुनने के लिये आया। उसने जब उसे 'आर्य' शब्द से सम्बोधित किया तो एक क्षण के लिये धर्मदत्ता के मुख पर मुस्कान आ गई, किन्तु वह शीघ्र ही संभल गई और उसने विशाख को उसकी इच्छानुसार 'सत्कार्य' का उपदेश दिया।

धर्मदत्ता ने जब अपने पूर्व पति विशाख को 'आयुस्' जिसे पालि भाषा में 'आवुस' उच्चारण किया जाता है, इस प्रकार सम्बोधित किया तो विशाख को भी आश्चर्य हुआ था। किन्तु उसने अपने मन की अनेक शंकाओं का समाधान धर्मदत्ता के समीप बैठकर प्राप्त किया।

उपदेश के अन्त में धर्मदत्ता ने विशाख को समझाया, "निर्वाण पर्यवसान है। इच्छा हो तो तथागत से प्रश्न कर लो।"

विशाख ने अपनी पूर्वपत्नी तथा वर्तमान में ज्ञानशीला भिक्षुणी का अभिवादन किया, उसको प्रणाम किया और फिर वह तथागत के पास चला गया। सुअवसर प्राप्त होने पर विशाख ने अपनी पूर्व पत्नी और अब भिक्षुणी धर्मदत्ता से हुआ पूरा संलाप भगवान से कहा। भगवान ने कहा, "विशाख! धर्मदत्ता भिक्षुणी है, पण्डिता है, महाप्रज्ञा है। यदि तुम मुझसे प्रश्न करते तो मैं भी यही सब उत्तर देता।"

कालान्तर में भिक्षुणी धर्मदत्ता सुख की उपदेशिका के रूप में चर्चित हुई।

जहां इस प्रकार की कथायें बौद्ध ग्रन्थों में पाई जाती है वहीं उनके साथ तथागत को तैर्थिकों द्वारा अपमानित करने की भी अनेक कथाएं उनमें समाविष्ट हैं। बौद्ध साहित्य के अनुसार तैर्थिक साधु महिला साध्वी को इस कार्य के निमित्त नियोजित करते थे, किन्तु बुद्ध के प्रभाव के सम्मुख उनकी एक नहीं चलती थी। उनकी पोल उसी समय खुल जाती थी। यदि उस समय न भी खुले तो कुछ समय बाद अवश्य खुलती थी।

इस प्रकार का सहसा उत्पन्न वैराग्य भी बुद्ध के जीवन में बहुत दिखाया गया है। इसे बुद्ध का चमत्कार कहें अथवा कुछ और यह निर्णय कर पाना कठिन है।

गौतम की दयालुता

तथागत का एक भिक्षु एक बार उदर व्याधि से ग्रस्त हो गया। अपने जीवन काल में भिक्षु ने किसी की न सेवा की थी न किसी की परिचर्या। वह सदा एकान्तसेवी ही रहा था। इस कारण वह जब पेट पीड़ा से बीमार पड़ गया तो कोई भिक्षु उसके पास उसकी सेवा-सुश्रूषा के लिये नहीं आया। उसका परिणाम यह हुआ कि वह एकाकी वहीं पर मल-मूत्र में पड़ा हुआ भयंकर कष्ट पाने लगा।

यह संयोग की ही बात थी कि तथागत अपने शिष्य आनन्द के साथ चारिका के लिये निकले तो उस भिक्षु के निवास की ओर से जा रहे थे। भिक्षु पीड़ा से कराह रहा था। तथागत आनन्द के साथ भीतर गये। उससे पूछा, "भिक्षु! क्या कष्ट है?"

"भन्ते! उदर पीड़ा से भयंकर कष्ट है।"

"कोई परिचारक नहीं है?"

"नहीं भन्ते!"

"क्या कोई नहीं है! आपकी कोई परिचर्या करता ही नहीं?"

"नहीं।"

"क्यों?"

"मैंने कभी किसी भिक्षु की सेवा नहीं की तो फिर कोई मेरी सेवा क्यों करेगा?"

तथागत ने आनन्द से जल लाने के लिये कहा।

रोगी ने पूछा, "भन्ते! जल का क्या करेंगे?"

"तुम्हारा मल-मूत्र धोयेंगे।"

भिक्षु की आंखें भर आईं। आनन्द जल लाया। तथागत ने रोगी को उठाया और उस पर जल डालते हुए आनन्द से कहने लगे कि वह उसका मल धोये। इस प्रकार उसको स्वच्छ करके एक अन्य चारपाई पर लिटा दिया। तथागत उसकी सेवा में निरन्तर लगे रहे।

तथागत ने भिक्षु संघ आमन्त्रित किया और बोले, "भिक्षुओ! यहां माता-पिता, बन्धु-बान्धव कोई नहीं है। न कोई सम्बन्धी है। आप लोगों की परिचर्या करने वाला यहां अन्य कोई नहीं है। इसलिये यदि आप लोग परस्पर सेवा उपचार नहीं करेंगे तो कौन आप लोगों की सेवा उपचार के लिये आयेगा।

"भिक्षुओ! जो रोगी की सेवा करता है, समझो वह मेरी सेवा करता है। यहां न कोई छोटा है न कोई बड़ा है। सब समान हैं, सब को सबकी सेवा करनी चाहिये। सेवा के सम्बन्ध में न कोई शिष्य है और न कोई गुरु है। यदि कोई नहीं है तो संघ को सेवा करनी चाहिये।"

कठौती में गंगा

तथागत एक बार कोसल में सुन्दरिका नदी के तट पर विहार कर रहे थे। सुन्दरिक भारद्वाज नामक एक कर्मकाण्डी ब्राह्मण वहां यज्ञादि कर्म कर रहा था। हवन सम्पन्न करने के उपरान्त वह अपने आसन पर से उठा और यज्ञशेष देने के लिये चारों ओर देखने लगा।

भारद्वाज ने देखा कि दूर एक पेड़ के नीचे एक वृद्ध व्यक्ति अपना सिर ढांपे बैठा है। भारद्वाज ने बायें हाथ में यज्ञशेष और दायें हाथ में कमण्डल लिया और उस ओर चल दिया।

वृक्ष के समीप पहुंचा तो वृद्ध ने अपने सिर पर से वस्त्र हटा दिया। वह कोई अन्य व्यक्ति नहीं अपितु तथागत स्वयं थे।

भारद्वाज को यह आशा नहीं थी कि वहां पर कोई भिक्षु बैठा होगा। क्योंकि वह समझता था कि भिक्षु किसी उच्च कुल के कम ही होते हैं। अतः उसने वहां से वापस जाना चाहा। किन्तु उसको ध्यान आया कि मुण्डकों अर्थात् भिक्षुओं में भी अनेक ऐसे होते हैं जो जन्मना ब्राह्मण होते हैं। अतः उसने वहां पर बैठे भिक्षु के विषय में जानना चाहा।

भारद्वाज ने भिक्षु से पूछा,"भन्ते! आपकी जाति क्या है?"

"ब्राह्मण, मेरी जाति नहीं मेरा आचरण पूछो, कर्म पूछो। ब्राहण! देखो निम्न वर्ण का मानव भी द्युतिमान हो सकता है। विज्ञ को सकता है, पापहीन हो सकता है। जो जितेन्द्रिय है, सत्यवादी है ज्ञानी है, ब्रह्मचारी है, संयमी है, वही यज्ञ का उपनीय है।"

भारद्वाज यह सुनकर प्रसन्न हुआ। उसने कहा, "गौतम! आप भोजन करिये।"

"क्यों?"

"आप ब्राह्मण हैं।"

"किन्तु मेरे लिये तो यह अग्राह्य है।"

"क्यों?"

"मैं धर्मोपदेश करने पर प्राप्त भोजन नहीं ग्रहण करता।"

"तो मैं यह हव्य-शेष किसको दूं?"

"तुम इसको तृण रहित स्थान अथवा प्राणिरहित जल में रख दो।"

ब्राह्मण ने उसे प्राणिरहित जल में डाल दिया। जल में डालते ही वह भोजन इस प्रकार उष्ण हो गया जैसे तपकर लोहा लाल हो जाता है और जल में छोड़ने पर जिस प्रकार चिटचिटाता है तथा धुआं छोड़ने लगता है, उस प्रकार वह भोजन चिटचिटाने लगा। यह देख कर वह ब्राह्मण आश्चर्य चकित हो गया।

तथागत ने उसे उपदेश किया कि बाहर की शुद्धि महत्वपूर्ण नहीं है। भीतरी शुद्धि महत्वपूर्ण है। तथागत ने यह भी कहा कि वे भीतर की शुद्धि पर ही विशेष ध्यान देते हैं। उन्होंने भारद्वाज को कहा कि वे ऐसी अध्यात्म की ज्योति जलाते हैं जो कभी नहीं बुझती। उन्होंने कहा, "ब्राह्मण! आत्मदमन द्वारा यह ज्योति प्राप्त होती है। धर्म सरोवर है, शील उसके घाट हैं। सज्जनता जल की निर्मलता है। निर्मल धर्म सरोवर है। उसमें ज्ञानी स्नान के निमित्त उतरते है। उनका गात्र भीगता नहीं। स्वच्छ गात्र वाले पार उतर जाते हैं। प्राप्ति, सत्य, धर्म संयम, और ब्रह्मचर्य पर

आधारित है। इस प्रकार हवन करने वाले को मैं दम्य सारथी कहता हूं।"

एक दिन तथागत ने संघ को आमन्त्रित कर उसे उपदेश किया। उस समय सुन्दरिक भारद्वाज भी वहां उपस्थित था। उपदेशोपरान्त सुन्दरिक ने कहा -

"भन्ते! बाहुका नदी में स्नान के लिये चलेंगे?"

"उसमें स्नान करने से क्या होगा?"

"उसमें स्नान करने से पाप का नाश होता है।"

तथागत ने कहा, "भारद्वाज! बाहुका, अधिक्का, गया, सुन्दरिका, सरस्वती, प्रयाग तथा बहुमती नदी में पापकर्मी मूढ़ चाहे जितना स्नान करें, वे शुद्ध नहीं होंगे। ये नदियां पापकर्मी को शुद्ध नहीं कर सकतीं। शुद्ध मनुष्य के लिये तो सर्वत्र ही फलगू नदी है। सर्वदा उपशोथ है। शुद्ध तथा शुचि-कर्मा के व्रत सर्वदा पूर्ण होते हैं। यदि तुम मिथ्या भाषण नहीं करते, हिंसा नहीं करते, बिना दिए लेते नहीं, श्रद्धावान हो, मत्सर रहित हो तो गया जाने से क्या लाभ? क्षुद्र जलाशय भी तुम्हारे लिये गया है।"

सुन्दरिक भारद्वाज पर तथागत के उपदेश का गहन प्रभाव हुआ और उसने प्रव्रज्या ग्रहण करने का विचार व्यक्त किया।

सुन्दरिक ब्राह्मण प्रव्रज्या ग्रहण कर तथागत का शिष्य बन गया और उसने यज्ञादि कर्मों का त्याग कर दिया।

तथागत के उपरिलिखित उपदेश में 'हिंसा' न करने का उल्लेख है। किन्तु हिंसा क्या होती है, इस विषय में वहां कुछ नहीं बताया है। हम पहले ही बता आये है कि तथागत मांस भक्षण का विरोध नहीं करते। यह भी सर्व विदित है कि बिना हिंसा किये अर्थात् बिना किसी को मारे मांस प्राप्त नहीं हो सकता। तो फिर तथागत का यहां पर हिंसा न करने से क्या अभिप्राय था?

मातृ शक्ति का सम्मान

श्रावस्ती के जीवन में तथागत विहार कर रहे थे। कोसलराज प्रसेनजित उनके शिष्यों में प्रमुख थे। वे नित्य प्रति तथागत की सेवा में उपस्थित होकर उनका उपदेश श्रवण करते थे। ऐसा बौद्ध ग्रन्थों में उल्लेख पाया जाता है। यद्यपि प्रेसेनजित क्षत्रिय कुलोत्पन्न राजा थे। अपने राज्य की सीमा बढ़ाने में उनका विश्वास था। यही स्थिति राजा बिम्बसार की भी थी। फिर भी

बौद्ध साहित्य तत्कालीन लगभग सभी राजाओं को तथागत का शिष्य स्वीकार करता है।

तथागत का उपदेश पूर्ण हो चुका था। महाराज और तथागत आदि कुछ प्रतिष्ठित व्यक्ति सत्संग-लाभ की दृष्टि से परस्पर बैठ कर वार्तालाप कर रहे थे कि तभी राजाप्रसाद का सन्देश वाहक आया। महाराज ने सन्देश वाहक को अपने पास ही बुलवा लिया। सन्देश वाहक से पूछा, "कहो, क्या बात है?"

सन्देह वाहक ने कहा, "महाराज! महारानी मल्लिका ने कन्या को जन्म दिया है।"

कन्या का जन्म सुनकर राजा का मन उदास-सा हो गया। उन्होंने सन्देश वाहक को किसी प्रकार का कोई पुरस्कार भी नहीं दिया। अन्यथा ऐसे मांगलिक अवसरों पर राजा सन्देशवाहक को पुरस्कृत करते आये हैं और आज भी यह प्रथा प्रचलित है।

इससे एक बात यह भी विदित होती है कि कन्या के विषय में आराम्भ से ही नहीं तो पर्याप्त पूर्व काल से वही धारण रही है जो आज प्रचलित है। कम से कम भारतवर्ष में आज भी कन्या के जन्म पर माता-पिता को हर्ष नहीं होता। जबकि पुत्र होने पर माता-पिता दोनों हर्ष विभोर हो जाते हैं और खुशियां मनाते हैं। इस प्रसन्नता का सार्वजनिक प्रदर्शन भी अनेक जन करते है। लड्डू अथवा मिठाइयां बांटना, या फिर सहभोज आदि की व्यवस्था की जाती है। उसके सभी संस्कार धूमधाम से किये जाते हैं।

प्रसेनजित की जिस कथा का हम यहां पर उल्लेख कर रहे हैं वह प्रसंग बौद्ध ग्रंथ 'संयुक्त निकाय' से लिया गया है। अतः इसकी प्रामाणिकता पर सन्देह नहीं किया जा सकता। प्रामाणिकता से हमारा अभिप्राय घटना के उल्लेख की प्रामाणिकता से है, प्रसेनजित के मनोगत भावों से नहीं। कन्या की उत्पति की बात सुनकर प्रसेनजित उदास हुए थे या नहीं, इस विषय में हम अपनी टिप्पणी देना उपयुक्त नहीं समझते। हम केवल बुद्ध के विषय में संकेत कर रहे हैं।

हम इस बात का एकाधिक बार उल्लेख कर आये हैं कि गौतम किसी भी व्यक्ति के मनोगत भावों को जान लिया करते थे, ऐसा बौद्ध ग्रन्थों में उल्लेख है।

प्रसेनजित को उदास देखकर तथागत उसके मन की व्यथा को समझ गये। वे यह भी समझ गये कि प्रसेनजित की महारानी ने कन्या को जन्म दिया है और समाचार सुनकर महाराज का मन उदास हो गया है। महाराज पुत्र चाहते हैं, किन्तु जन्म हुआ है कन्या का।

महाराज को सान्त्वना देते हुए तथागत ने कहा, "जनाधिप! आपको उदास नहीं होना चाहिये। ऐसी अनेक स्त्रियां हुई हैं, जो अनेक मनुष्यों से श्रेष्ठ सिद्ध हुई हैं। वे मेधावी होती हैं, शीलवती होती हैं, श्वसुर सेविका होती हैं, पतिव्रता होती हैं।"

प्रसेनजित तथागत का उपदेश सुन रहा था। उसको यह सुनकर कुछ लज्जा का भी बोध होने लगा था। किन्तु फिर भी उसके मन का ताप दूर नहीं हो पा रहा था।

तथागत ने राजा को पुनः समझाते हुए कहा, "राजन्! कन्याओं से ही दिशाओं पर विजय प्राप्त करने वाला महाशूरवीर पुत्र जन्म लेता है। वह दिशापति होता है। उस सुयोग्य कन्या अथवा स्त्री का पुत्र राज्य का शासन करता है।"

प्रसेनजित यह तो समझ गया कि वह भी तो किसी स्त्री का ही पुत्र है, किन्तु अपने घर में कन्या उत्पन्न होने के संताप से उसको मुक्ति मिली अथवा नहीं इसका 'संयुक्त निकाय' में उल्लेख नहीं है।

बौद्ध साहित्य में अनेक स्थान पर इस प्रकार के प्रसंग आये हैं कि जहां समस्या तो उठाई गई है और तथागत द्वारा उसका समाधान भी करवाया गया है, किन्तु उसका परिणाम क्या हुआ, इसका उल्लेख नहीं किया गया है। जब ऐसे राजा-महाराजा और विद्वानजन तथागत का एक उपदेश सुनकर उनकी शरण में आ जाते थे तो फिर उनकी बात सुनकर कोई किस प्रकार असन्तुष्ट रह सकता था ? यह स्वतः निष्पन्न निष्कर्ष है। अर्थात् बुद्ध ने जो समझाया वह समझने वाले की बुद्धि में आ गया। अनेक बार तो बिना समझे-समझाए भी स्वतः ही सब कुछ आ जाता है, जैसे कि धर्मदत्ता के प्रसंग में हुआ। पति विशाख को प्रव्रजित देख उसने स्वयं ही प्रव्रज्या लेने की ठान ली, जबकि सामान्यतया स्त्री को चाहिये था कि वह पति को सद्-गृहस्थ बनने का आग्रह करती।

9

विशाखा

राजा बिम्बसार अपने कक्ष में बैठे हैं। उनके आमात्य आदि भी उनके समीप ही विराजमान हैं। महामात्य ने राजा को सूचित किया कि कोसल के महाराज ने पत्र भेजा है। महाराज ने उसके विषय में जानना चाहा। महामात्य ने महाराज की आज्ञा से पत्र पढ़ा और बताया, "कोसलराज की इच्छा है कि उनके यहां अमित भोग वाला कोई कुल नहीं है, इसलिये एक अतिभोगी कुल कोसलराज के लिये भेजने की कृपा करे।"

महाराज ने आमात्यों का विचार जानने के लिये उन की ओर दृष्टि की।

आमात्यों और महामात्य ने परस्पर मन्त्रणा की। प्रश्न उपस्थित हुआ कि अपने राज्य से महाकुल को किस प्रकार भेजा जा सकता है। किन्तु कोसलराज की मनोकामना भी पूर्ण करना आवश्यक था। अन्त में महामात्य ने कहा, "श्रेष्ठि पुत्र को भेजना उपयुक्त होगा।"

"किसे भेजेगे? यहाँ तो अनेक श्रेष्ठि हैं?" महाराज ने आशंका व्यक्त की।

महामात्य ने कहा, "धनंजय को भेजा जाए।"

"वह कौन है?"

"राजन ! वह मेंडक श्रेष्ठि का सुयोग्य पुत्र है।"

विचार विमर्श के उपरान्त धनंजय को भेजना निश्चित हुआ और कोसलराज को इसकी सूचना दे दी गई।

श्रेष्ठिपुत्र जब श्रावस्ती पहुंचा तो राजा ने उसका स्वागत-सत्कार किया। श्रावस्ती से सात योजन दूर उसके लिये सुन्दर आवास बनवाया गया और उस स्थान का नाम साकेत रखा गया। धनंजय को 'श्रेष्ठि' का पद दिया गया।

वर्ष बीतते गये। साकेत नगरी सम्पन्न हो गई। वहां अब अनेक श्रेष्ठि निवास करने लगे।

श्रावस्ती निवासी एक सम्पन्न श्रेष्ठि का पुत्र पूर्णवर्धन युवा हुआ। उसके पिता को जब उसके विवाह की चिन्ता हुई तो उसने अपने कर्मचारियों से उसके लिये कोई उपयुक्त कन्या ढूंढ़ने के लिये कहा। कुशल व्यक्तियों को जब कोसल में उस प्रकार की कोई कन्या नहीं मिली तो वे साकेत गये।

साकेत के सम्पन्न श्रेष्ठि की कन्या विशाखा उस दिन पांच सौ कुमारिकाओं के साथ महोत्सव मनाने के लिये महावापी पर गई हुई थी। श्रावस्ती से आये श्रेष्ठि के कर्मचारियों को जब साकेत में भी कोई मनोनुकूल कन्या नहीं दिखाई दी तो वे निराश से नगर द्वार पर आकर खड़े हो गये।

उसी समय जोर की वर्षा आरम्भ हो गई। विशाखा की सखियों ने भी वर्षा की फुहार से बचने के लिये शाला में शरण लेने का विचार किया और वे दौड़ती हुई शाला में आईं। किन्तु विशाखा ने कोई चपलता नहीं दिखाई, न ही वर्षा के कारण भयभीत हुई। वह अपनी मन्थर गति से शाला की ओर बढ़ गई और फिर शाला में प्रविष्ट हो गई। श्रावस्ती के कुशल पुरुषों ने विशाखा को ध्यान से देखा। उन्हें वह बाह्य रूप से बहुत उपयुक्त कन्या दिखाई दी। तदपि उसका अन्तर कैसा है, यह जानना आवश्यक था। इसका परीक्षण करने के लिये उनमें से एक ने पूछा, "अम्ब! आप तो वृद्ध स्त्री-सी दिखाई देती हो?"

"क्यों तात !"

"क्योंकि तुम्हारी सखियां तो वर्षा देखकर भागकर शाला में शरण लेने आ गईं किन्तु तुम वृद्धाओं की भांति अपनी गति से आईं और अपने वस्त्रों के भीगने की भी चिन्ता नहीं की।"

"वस्त्रों का क्या है, घर जाकर वस्त्र बदल लूंगी। मुझे किस बात की कमी है?"

"किन्तु आप इतनी मन्द गति से क्यों आईं ?"

"तरुण कन्याओं को चाहिये कि वे अपने शरीर का ध्यान रखें। यदि किसी अविवाहित तरुणी का कोई अंग क्षत विक्षत हो जाये तो फिर उस विकलांगी को कौन पुरुष ग्रहण करना चाहेगा? इसलिये सहसा दौड़ कर आना मैंने उचित नहीं समझा।"

श्रावस्ती के कुशल पुरुषों को वह भा गई। वर्षा बन्द होने पर जब सब तरुणियों अपने-अपने घर जाने लगीं तो विशाखा भी चली। कुशल पुरुष उसके पीछे-पीछे चलने लगे।

विशाखा धनंजय श्रेष्ठि की कन्या थी।

श्रावस्ती के कर्मचारी जब उसके निवास पर पहुंचे तो धनंजय ने उनका परिचय जानना चाहा। उन्होंने सविस्तार अपना परिचय दिया और साकेत में आने का अपना प्रयोजन भी

बताया। उसके साथ ही उसके घर पर वे किस निमित्त आये हैं, यह भी बताया।

श्रेष्ठि धनंजय ने आगन्तुकों का आदर सत्कार किया और परस्पर विचार-विनिमय के उपरान्त अपनी स्वीकृति देते हुए कहा, "धन-सम्पदा में थोड़ा बहुत अन्तर होने पर भी हम दोनों का कुल गोत्र समान है, अतः मुझे यह सम्बन्ध स्वीकार है। मेरी यह स्वीकृति आप अपने श्रेष्ठि महोदय को बता दीजिये।"

श्रावस्ती के मृगार श्रेष्ठि ने जब सुना कि श्रेष्ठि धनंजय की कन्या पसन्द की गई है, और धनंजय श्रेष्ठि ने भी स्वीकृति दे दी है तो उसे बड़ी प्रसन्नता हुई। उसके मुख से सहसा निकल गया, "वह तो महाकुल है। तुरन्त टीका आदि भेजो।"

इस प्रकार दोनों ओर से दान-प्रतिदान हो गया।

विवाह का निश्चय हो जाने के उपरान्त मृगार श्रेष्ठि राजा के पास पहुंचा और निवेदन किया, "देव! सेवक के पुत्र पूर्णवर्धन के साथ साकेत के धनंजय श्रेष्ठि की कन्या विशाखा का विवाह सम्बन्ध स्थिर हुआ है।"

"यह तो बहुत उत्तम हुआ।"

"देव! साकेत जाने की अनुमति प्रदान करने की कृपा करें।"

"श्रेष्ठि, प्रसन्नता से जाओ। किन्तु क्या हमें भी विवाह में सम्मिलित होना होगा?"

"राजन्! मेरा ऐसा भाग्य कहां?"

"श्रेष्ठि! हम चलेंगे।"

धनंजय ने सुना कि मृगार श्रेष्ठि बारात लेकर कोसलराज के साथ आ रहा है तो वह दूर तक स्वागत के लिये आया। राजा का यथोचित आदर सत्कार किया। राजा को अपने महल में ठहराया। इसके साथ ही अन्य लोगों का भी श्रेष्ठि ने यथोचित स्वागत सत्कार किया। सब प्रसन्न थे।

विवाह सम्पन्न हुआ परन्तु बारात विदा नहीं हुई।

दिन बीतते गये। राजा ने धनंजय के पास सन्देश भेजा कि बहुत दिनों तक न तो विवाहोपरान्त कन्या को घर में रखा जा सकता है और न ही इतने दिनों तक बारात को ठहराये रखा जा सकता है, अतः कन्या की विदाई का लग्न ठीक करना आवश्यक है।

धनंजय ने उत्तर कहलवाया, "वर्षाकाल आ गया है। चार मास तक यात्रा करना उचित नहीं होगा। वर पक्ष के जिस व्यक्ति को जो कुछ भी चाहिये उसकी समुचित व्यवस्था हम कर देंगे। इसकी चिन्ता नहीं करनी होगी।"

इस प्रकार चार मास और बारात को साकेत में ठहरना पड़ गया। नित्य प्रति वहां महोत्सव होते रहते थे। वर्षा के तीन मास बीत गये थे, किन्तु अब तक भी विशाखा का 'महालता अलंकार' बन कर तैयार नहीं हो पाया था। धनंजय उस अलंकार के बनने तक बारात को रोके रखना चाहता था।

धनंजय ने अपने सेवकों से परामर्श किया तो पता चला कि बारातियों के आवास में सब कुछ तो ठीक-ठाक है किन्तु वह ईंधन की कमी पड़ गई है। धनंजय विचार में पड़ गया। तब उसने कहा कि हस्तिशाला, अश्वशाला आदि जो भी काष्ठ की बनी है, उन सब तोड़ कर काष्ठ वहां पहुंचा दिया जाये। वही किया गया। काम चलता रहा।

किसी प्रकार पन्द्रह दिन और निकल गये। आभूषण तो तब तक तैयार हुआ नहीं, किन्तु लकड़ियों की फिर कमी पड़ गई। धनंजय को कहा गया तो उसने कहा कि भण्डार गृह में जितनी साड़ियां हैं उन सबको तेल में तरल कर उनकी बत्ती बना कर उनका ईंधन के स्थान पर प्रयोग करो। वही किया गया।

इसी बीच महालता आभूषण बन कर तैयार हो गया। धनंजय ने सब को आमन्त्रित किया। बाराती और घराती जब सब एकत्रित हो गये तो उसने आदर सत्कार के साथ सबका स्वागत किया और आठ प्रमुख व्यक्तियों के सम्मुख कहा कि यदि कन्या ससुराल में किसी प्रकार का अपराध कर बैठे तो आप लोग उसका परिशोध कर दीजियेगा।

धनंजय ने यथासाध्य सबको भेंट देकर बारात को विदा किया।

बारात श्रावस्ती के नगर द्वार पर पहुंची। विशाखा ने इच्छा प्रकट की कि उसको नगर में खुले रथ पर ले जाया जाये, जिससे कि नगरवासी उसके आभूषणों को देखकर सराहें। वास्तव में श्रावस्ती वासियों ने उसके रूप सौन्दर्य को भरपूर सराहा।

वधू के घर में आने पर मृगार श्रेष्ठि ने साधु संन्यासियों को भोजन पर आमन्त्रित किया, उनमें बौद्ध भिक्षु भी आये और नगर साधु भी। जब सब आकर बैठ गये तो श्रेष्ठि ने विशाखा को बुलाकर साधुओं को प्रणाम करने के लिये कहा। विशाखा आई किन्तु नग्न साधुओं को देखकर वह उन्हें धिक्कारती हुई-सी चली गई। बौद्धों ने जानबूझ कर बौद्धेतर साधुओं को लांछित करने की दृष्टि से अपने साहित्य में ऐसे प्रकरण समाविष्ट किए हैं। साधुओं को इसमें अपना अपमान लगा और वे कहने लगे कि विशाखा को घर से निकाल दिया जाये। श्रेष्ठि बड़ा परेशान हुआ। उसने साधुओं से विनय की कि छोटों से अपराध हो ही जाता है, अतः आप लोगों को क्षमा कर देना चाहिये। साधु स्वादिष्ट भोजन कर के चले गये।

साधुओं को भोजन कराने के उपरान्त श्रेष्ठि स्वयं स्वर्णपात्र में स्वादिष्ट खीर लेकर भोजन करने बैठा। तभी एक भिक्षाचारी भिक्षु भिक्षा के लिये आया। विशाखा ने उसकी आवाज सुनी तो वह समीप आ गई, और यह देखने के लिये कि उसका श्वसुर खाते समय किस प्रकार का व्यवहार करता है छिपकर खड़ी हो गई।

श्वसुर भोजन करता रहा। भिक्षुक खड़ा रहा। श्वसुर ने कुछ नहीं कहा और न भिक्षा ही दी। विशाखा ने साधु से कहा कि उसके श्वसुर पुराना भोग कर रहे है, इस लिये साधु को चाहिये कि वह वहां से चला जाये।

'पुराना भोग कर रहे है', सुनते ही श्वसुर ने भोजन छोड़ दिया और क्रोध में आकर सेवकों को कहने लगा कि वे विशाखा को घर से बाहर निकाल दें। सेठ को लगा कि विशाखा ने पहले नग्न साधुओं का अपमान किया था और अब स्वयं उसका अपमान कर दिया है।

घर के नौकर चाकर अब तक विशाखा के वश में हो चुके थे। किसी का उससे कुछ कहने का साहस ही नहीं था। विशाखा ने ही अपने अपने श्वसुर से कहा, "मैं इस प्रकार नहीं निकाली जा सकती। मैं कोई साधारण कन्या नहीं। मेरे माता-पिता जीवित हैं, उनकी कन्या इस प्रकार बाहर नहीं जा सकती। विदाई के समय पिताजी ने आठ कुटुम्बियों को सामने रखकर कहा था कि यदि मुझसे कोई भूल हो तो उसका परिशोध कराया जाये। आप उन लोगों को बुलाकर मेरे दोष का निर्णय कराइये।"

पंच बुलाये गये और उन्होंने विशाखा से पूछा कि क्या उसने श्रेष्ठि को अशुद्ध खाने की बात कही थी? विशाखा बोली, "तात! बात कुछ और है। द्वार पर एक भिक्षु खड़ा था, उसने भिक्षा मांगी, मेरे श्वसुर खीर खा रहे थे, वे उठे नहीं। मैंने निश्चय से उस समय कहा था 'मेरा श्वसुर पुराना पुण्य खा रहा है। इस शरीर द्वारा पुण्य नहीं करता।"

पंचों ने कहा, "आर्य! यह तो दोष नहीं है।"

श्रेष्ठि बोला, "बात कुछ और हैं। जिस दिन से यह आई है उसी दिन से यह मेरे पुत्र का ध्यान छोड़ कर न जाने इधर-उधर कहां चली जाती है।"

पंचों ने विशाखा से पूछा, "अम्ब! क्या यह ठीक है"

"नहीं, बात कुछ और है। यहां मेरे आते ही एक अश्वी को प्रसव वेदना हुई। प्राणी के दुख को देखकर कौन चुपचाप बैठ सकता है। मैं दासियों सहित अश्वशाला गई, अश्वी का उपचार करवाया। इसलिये तुरन्त पति के पास नहीं जा सकी।"

पंच बोले, "आचार्य! विशाखा ने तो आपके घर में न करने वाला दासियों तक का कार्य

किया है और आप उसको दोष दे रहे है?"

"आर्यो! बात और है। जिस दिन बारात की विदाई थी इसके पिता ने कहा था अग्नि बाहर नहीं ले जानी चाहिये। क्या पड़ोसियों का घर बिना अग्नि के ही रह जायेगा?"

विशाखा बोली, "तात! मेरे पिता ने इस अग्नि के विषय में नहीं कहा था। उन्होंने तो कहा था कि सास तथा घर की स्त्रियों में जो गुप्त बातें होती है, उन्हें दास दासियों से नहीं करना चाहिये। बात बाहर जाती है, कलह बढ़ता है।"

श्रेष्ठि बोला, "आर्यो! यह बात भी नहीं। इसके पिता ने कहा था बाहर की अग्नि भीतर नहीं लानी चाहिये, भीतर की अग्नि यदि बुझ जाये तो बाहर से अग्नि लाये बिना कैसे काम चल जायेगा?"

पंचों ने विशाखा से पूछा, "अम्ब! यह क्या बात है?"

"तात! इसका तात्पर्य और है। उन्होंने उन दोषों के विषय में कहा था जो दास दासियों आदि द्वारा किये जाते है। उन्हें घर के आदमियों से नहीं कहना चाहिये।"

श्रेष्ठि निरुत्तर होता जा रहा था। उसने कहा, "यह कहती है कि जो देते हैं उन्हीं को देना चाहिये। इसको अपने दहेज का गर्व हो गया है, तभी यह ऐसा कहती है।"

विशाखा बोली,"तात! मैंने कहा था कि जो नहीं देते हैं उन्हें नहीं देना चाहिये। जो लेकर नहीं लौटाते, उन्हें नहीं देना चाहिये। देने वाले को देना चाहिये, न देने वाले को भी देना चाहिये। यह मैंने इसलिये कहा था कि गरीब अमीर, जाति, मित्रों को चाहे वे प्रतिदान दें या न दें, उन्हें देना ही चाहिये।"

"पिता ने कहा था कि सास-श्वसुर के उठने के स्थान पर उठना-बैठना नहीं चाहिये। उनके भोजन करने से पूर्व भोजन नहीं करना चाहिये। सबको भोजन मिल गया है कि नहीं यह बात जानकर उसके बाद ही भोजन करना चाहिये। सास-श्वसुर और पति के सुख से सो जाने के उपरान्त ही सोना चाहिये, उससे पूर्व नहीं सोना चाहिये।"

श्रेष्ठि बोला, "इसने कहा था कि अग्नि परिचरण करना चाहिये।"

विशाखा ने उत्तर दिया, "सास-श्वसुर और स्वामी को अग्नितुल्य मानना चाहिये।"

श्रेष्ठि निरुत्तर हो गया था। फिर भी वह बोला, "नहीं, नहीं यह चाहे कुछ भी कहे, इसका पिता इससे अन्तर्देवता को नमस्कार करवाता है।"

पंचों ने पूछा, "अम्ब! यह क्या बात है?"

"मेरे पिता ने यह विचार कर कहा था। अपने गृहस्थी मेंजो कुछ भोजन हो उसे सर्वप्रथम

द्वार पर आये प्रव्रजितों को देकर फिर खाना चाहिये।"

श्रेष्ठि निरुत्तर हो गया। पंचों ने पूछा, "क्या कोई और भी दोष है?"

"नहीं, और तो कुछ नहीं।"

"श्रेष्ठि! यह कन्या निर्दोष है। अकारण किसी को कष्ट नहीं देना चाहिये। इसे व्यर्थ घर से निकालना ठीक नहीं है।"

विशाखा बोली, "तात! जिस समय मेरे श्वसुर ने घर से निकल जाने के लिये कहा था उस समय मेरा घर से निकल जाना ठीक नहीं था। किन्तु मेरे पिता ने दोष अदोष का निर्णय आपको दिया था। आपने मुझे निर्दोष बताया। अब मैं यहां नहीं रहूंगी।"

विशाखा ने दासी से कहा, "दासी! रथ तैयार कराओ।"

श्रेष्ठि हतप्रभ हो गया। उसने कहा, "मुझसे भूल हो गई है, मुझे क्षमा कर दो।"

"तात! आपका क्षन्तव्य दोष तो मैं क्षमा करती हूं, परन्तु मेरा पितृ कुटुम्ब बुद्ध धर्म में अत्यन्त अनुरक्त है, भिक्षु संघ के बिना हमारा रहना कठिन है, यदि मुझे यहां बुद्ध संघ की सेवा का अवसर मिले तो मैं रह सकती हूं।"

"तुम जिस प्रकार चाहो संघ की सेवा करो, मैं इसमें आपत्ति नहीं करूंगा।"

दूसरे दिन विशाखा ने तथागत तथा संघ को भोजन पर निमन्त्रित किया। नग्न साधुओं को जब वह विदित हुआ तो उन्होंने श्रेष्ठि का घर घेर लिया।

विशाखा ने अपने श्वसुर को बुला कर तथागत भिक्षुओं को भोजन करवाया और उसके उपरान्त विशाखा ने अपने श्वसुर से तथागत का उपदेश सुनने के लिये आग्रह किया।

श्रेष्ठि जब उपदेश सुनने के लिये बाहर निकल कर जाने लगा तो नग्न साधुओं ने उसे घेर लिया। उन्होंने कहा कि वह बौद्ध भिक्षु का उपदेश न सुने। श्रेष्ठि ने कहा कि वह वचन बद्ध है, इसलिये अवश्य जायेगा। साधुओं ने उससे कहा कि वह कनात के बाहर बैठ कर सुन ले, भीतर न जाये। श्रेष्ठि ने ऐसा ही किया। किन्तु उपदेश सुनने के उपरान्त उसने स्वयं कनात हटाई और भीतर जाकर तथागत की चरण वन्दना की। उसने देखा कि विशाखा तथागत के समीप ही बैठी है। श्रेष्ठि के मुख से निकल गया, "अम्ब! आज से तू मेरी बहू नहीं माता है।"

एक दिन विशाखा ने तथागत के पास आकर निवेदन किया, "भन्ते! कल हमारे निवास पर भोजन ग्रहण करें।"

तथागत ने सदा की भांति मौन स्वीकृति दी। विशाखा प्रसन्न वदन घर लौट गई। उस दिन अत्यन्त मेघ वृष्टि हुई। तथागत ने भिक्षुओं से स्नान करने के लिये कहा। भिक्षु नग्न होकर मेघ

स्नान करने लगे। विशाखा ने अपनी दासी को भिक्षुओं को बुलाने के लिये भेजा तो वे नग्न स्नान कर रहे थे।

तथागत के आने पर विशाखा ने उन सबका स्वागत सत्कार किया और तथागत से कहा, "भन्ते! आज में आपसे एक वर मांगती हूं।"

"हां बोलो।"

"भन्ते! मैं संघ को या वज्जीवन वर्षा की लुंगी देना चाहती हूं, आगुन्तक को भोजन देना चाहती हूं, यात्रा पर जाने वाले को भोजन देना चाहती हूं, बीमार को भोजन देना चाहती हूं, रोगी को औषधि देना चाहती हूं, भिक्षुणी संघ को उदक साड़ी देना चाहती हूं।"

"तुम इतने वर क्यों मांगना चाहती हो?"

"भन्ते! नग्न रहना घृणित है, धर्म विरुद्ध है। वर्षा में भिक्षुओं ने नग्न स्नान किया यह उचित नहीं है।"

इस प्रकार उसने अपनी सारी बातों का स्पष्टीकरण दिया और अन्त में बोली, "अचिरवती नदी में भिक्षुणियां वेश्याओं के साथ नग्न स्नान करती हैं। वेश्यायें उन्हें ताना मारती हैं, तुम युवती हो, ब्रह्मचर्य सेवन से अभी क्या लाभ, काम भोगो। वृद्धावस्था में ब्रह्मचारी बनना। भिक्षुणियां वेश्याओं की बात सुनकर चुप हो जाती हैं। स्त्रियों को नग्नता उचित नहीं है। मैं उन्हें भी वस्त्र देना चाहती हूं।"

तथागत ने विशाखा को सब कुछ देने की अनुमति दे दी।

एक दिन उत्सव के अवसर पर विशाखा जब विहार में उपदेश सुनने के लिये जाने लगी तो उसने अपना महालता अलंकार उतार कर दासी को दिया, सोचा विहार में सज-धज कर बैठना उचित नहीं, जाते समय फिर पहन लेगी।

उपदेश समाप्त होने पर विशाखा दासी के साथ घर के लिये चली। दासी हार लेना भूल गई। परिषद तथा विहार में भूली वस्तु को आनन्द संभालते थे। महालता मिली तो आनन्द उसे तथागत के पास लेकर गये और बोले कि यह विशाखा भूल गई है। तथागत ने संभाल कर रखने के लिये कह दिया।

बाहर निकल कर उसने दासी ने कहा, "अम्ब! लाओ, महालता धारण कर लूं।"

सुप्रिया दासी अपना शरीर टटोलने लगी, वस्त्र देखे, कहीं नहीं मिली तो बोली, "कहीं भूल गई हूं।"

"जा खोज ला। किन्तु देखो, यदि उसे आयुष्मान आनन्द ने ले लिया हो तो फिर मत लाना।"

सुप्रिया जाकर खोजने लगी। आनन्द ने देखा तो पूछा, "क्या खोज रही हो?"

"आर्या अपना महालता अलंकार भूल गई हैं।"

"उसे मैंने सीढ़ी के पास रख दिया है।"

"तब तो अब आर्या उसे नहीं लेंगी। वह उनके धारण करने के योग्य नहीं रहा, उसे आपके हाथों का स्पर्श हो गया है।" वह आभूषण लिये बिना चली गई।

सुप्रिया ने विशाखा को सब बताया तो उसने कहा कि आनन्द को उसे रखने में कठिनाई होगी। अतः वह उसे ले आये और यहां लाकर उसका कुछ और बना लिया जायेगा। सुप्रिया गई और सीढ़ी के पास रखी महालता उठा कर ले आई।

विशाखा महालता लेकर स्वर्णकार के पास गई और उसका मूल्यांकन करवाया तो पता चला कि उसका मूल्य नौ करोड़ तथा उसकी बनवाई एक लाख स्वर्ण है। विशाखा ने उसे खरीद लेने के लिये कहा तो स्वर्णकार बोला, उसे खरीदने की सामर्थ्य वहां किसी में नहीं। विशाखा ने किसी अन्य नगर में बेचने के लिये कहा तो स्वर्णकार ले कहा कि वहां भी मिलना कठिन है। अन्त में विशखा ने कहा, "ठीक है, मैं ही खरीदती हूं।"

नौ करोड़ एक लाख मुद्रा गाड़ियों में लदवाकर वह तथागत के पास जाकर बोली, "भन्ते! आयुष्मान आनन्द ने महालता का स्पर्श कर दिया था इसलिये मैंने महालता को बेच दिया है। उसका मूल्य लाई हूं, बताइये इसका क्या उपयोग किया जाये?"

"पूर्व द्वार पर संघ के लिये निवास स्थान बनवा दो।"

विशाखा ने दो तल का विशाल प्रासाद बनवा दिया।

तथागत के पास जाकर उसने निवेदन किया कि वे अपना चातुर्मास वहीं व्यतीत करें। तथागत ने स्वीकार कर लिया।

एक दिन विशाखा की एक सखी बहुमूल्य वस्त्र लेकर आई और विशाखा से कहा कि वह उसे भिक्षुओं के निवास स्थान पर बिछाना चाहती है। विशाखा ने उससे कह दिया कि वह उन दो तलों में जहां उचित समझे उस वस्त्र को बिछा दे। वह बिछाने लगी तो उसके लिये कोई स्थान नहीं मिला, वह दुखी हुई। उसे दुखी देख आनन्द ने कहा, "चिंता की बात नहीं है। तुम इसे सीढ़ी और पैर धोने के मध्य चौहरा करके बिछा दो। इस प्रकार तुम्हें पांव धो कर भीतर जाने वाले प्रत्येक भिक्षु की सेवा का फल प्राप्त होगा?"

एक दिन विशाखा की एक नातिनी मर गई तो विशाखा भागी-भागी तथागत के पास गई। उसे दुखी देख तथागत ने कहा, "विशाखा! श्रावस्ती में प्रतिदिन कितने प्राणी मरते है।"

"न जाने कितने ही मरते होंगे।"

"क्या कोई दिन ऐसा भी होगा, जब कोई न मरता हो?"

"नहीं भन्ते!"

"तो क्या तुम सबके लिये इसी प्रकार नित्य शोकाकुल रहोगी?"

"नहीं भन्ते! मैं तो केवल अपने नातेदारों के लिये इतना शोक कर सकती हूं।"

"विशाखा! जितने अधिक नाते-रिश्तेदार उतना अधिक दुख। और जितने कम नातेदार उतना अधिक सुख।"

"विशाखा! लोक में प्रिय के कारण नाना प्रकार के शोक, दुख तथा परिवेदना होती है, प्रिय के अभाव में उनका भी अभाव हो जाता है। जिसे इस लोक में कुछ प्रिय नहीं है वही सुखी है, वही शोक रहित है। जो निर्मल, अशोक रहना चाहता है उसे इस लोक में प्रिय नहीं बनना चाहिये।"

इसी प्रकार एक दिन मध्यान्ह के असमय में विशाखा तथागत के पास पहुंची, उसे देखकर तथागत ने कहा, 'इस असमय में क्यों ?'

विशाखा ने कहा कि राजा प्रसेनजित के पास उसका एक काम अटका पड़ा है। तथागत ने उसका आशय समझा तो बोले,"दूसरे के अधीन जो कुछ है, वह सब दुख है। मनुष्य को इन सबका अतिक्रमण करना चाहिये।"

विशाखा अधिक कुछ नहीं कर सकी। उसने तथागत की उपासिकाओं में सम्मलित होने का निश्चय किया और उनमें उच्च स्थान प्राप्त किया।

इस कथा का तथागत के जीवन से उतना सम्बन्ध नहीं है, जितना कि उनके शिष्यों की गणना का। इसी प्रकार की कथाओं से उनका जीवन परिपूर्ण है। तदपि बौद्ध ग्रन्थों में विशाखा की बड़ी महिमा गाई गई है।

10

अंगुलिमाल

अंगुलिमाल से सम्बन्धित अनेक कथायें प्रचलित हैं। गौतम बुद्ध के साथ ही अनेक शिष्यों ने अनेक प्रकार से अंगुलिमाल का चित्रण किया है। जन-सामान्य में भी किसी को शिक्षा देने के लिये किसी विद्वान अथवा तपस्वी का कथानक रचकर अंगुलिमाल से उसकी भेंट और अंगुलिमाल के हृदय परिवर्तन की अनेक कथायें प्रचलित हैं। यहां हम धम्मद, मज्झिम निकाय, अंगुलिमाल सुत, विनय पिटक, थेर गाथा, अवदान शतक, मिलिन्द प्रश्न में वर्णित अंगुलिमाल से सम्बन्धित कथा का उल्लेख कर रहे हैं।

अंगुलिमान कुलीन ब्राह्मण कुल में उत्पन्न हुआ था। वह कोसल राजपुरोहित का पुत्र था। उसके पिता का नाम गार्ग्य और माता का नाम मैत्रायणी था। अन्य कथाओं में उसे सामान्य गृहस्थ का पुत्र बताया गया है। यहां बुद्ध की महिमा प्रस्थापित करने के लिये उसे पुरोहित पुत्र बताया गया है। उसके जन्म के सम्बन्ध में भी अनेक कथानक प्रचलित हैं। हम यहां पर उसके विस्तार में जाने की आवश्यकता नहीं समझते। रात्रि में उसके जन्म के उपरान्त प्रातः काल उसका पिता ज्योतिषियों के पास गया था और उन्होंने उसके विषय में अनेक भविष्यवाणियां की थीं। राजपुरोहित उसके उपरान्त राजा के पास गया तो राजा ने भी बताया कि रात उसके शस्त्रागार में उत्पात होता रहा इस कारण उसको नींद नहीं आई।

पुरोहित चिन्तित दिखाई दिया। राजा को विस्मय हुआ। उसने पूछा, "क्या तुमने इसके विषय में ज्योतिषी से पूछा है?"

"पूछा है महाराज!"

"तो?"

पुरोहित चुप रहा। राजा का विस्मय बढ़ गया। बड़ी कठिनाई से पुरोहित ने बताया कि

उसका पुत्र चोर होगा। राजा ने पुरोहित को परामर्श दिया कि वह उसे मार डाले। पुरोहित ने कहा कि "राजन् वह अकेला ही चोर होगा तो उस पर नियन्त्रण रखा जा सकेगा। यों तो पुत्र को नहीं मारा जा सकता।"

राजा को भी दया आ गई। उसका अहिंसक भाव जागृत हो गया। इसलिये राजा के कहने पर उसका नाम 'अहिंसक' रखा गया। पुत्र में सात हाथियों को बल होने के साथ-साथ वह मेधावी भी था, आचार प्रिय था, प्रियवादी था। उसके यही गुण दूसरों की ईर्ष्या के कारण बने। आचार्य कुल में विद्याध्ययन के लिये जाने पर उसके साथी विद्यार्थियों ने निश्चय किया कि आचार्य को उससे विमुख करना चाहिये। उन्होंने तीन दल बनाये। पहले एक दल ने जाकर आचार्य के सम्मुख उसकी निन्दा की तो आचार्य ने उनको डांट कर भाग दिया।

कुछ काल उपरान्त दूसरा दल गया तो उसने भी आचार्य के सम्मुख उसकी निन्दा की, उसी प्रकार आचार्य को प्रभावित करने का कार्य किया। आचार्य ने उसको भी भगा दिया। तीसरा दल आया। उसने भी जब वही बातें कहीं तो आचार्य आश्चर्य में पड़े। सबने एक बात समान कही थी कि यदि इसकी हत्या कर दी गई तो पाप लगेगा और विद्यालय की कुख्याति होगी फिर कोई पढ़ने के लिये नहीं आयेगा। अन्त में उनको एक उपाय सूझा कि अहिंसक को किसी प्रकार हिंसक बनाया जाये।

वही किया गया। अहिंसक जब विद्या पूर्ण कर के घर जाने की अनुमति के लिये आया और गुरुदक्षिणा देने की इच्छा व्यक्त की तो गुरु ने कहा, "एक सहस्र व्यक्तियों को मारो।"

अहिंसक आश्चर्य में पड़ गया। उसने बहुत कहा कि उसका कुल अहिंसक है, वे विद्वान हैं आदि-आदि। किन्तु आचार्य ने कहा कि बिना दक्षिणा के विद्या एक तो फलती नहीं दूसरे उसने स्वयं वचन दिया था कि वे जो मांगेंगे वह देगा।

अन्त में वह शस्त्र लेकर कोसल के वनों में प्रविष्ट हो गया। वह वन के प्रवेश, मध्य और निर्गम स्थान पर खड़ा होकर आगन्तुकों की हत्यायें करने लगा। उनके शरीर से वह कुछ लेता नहीं था, केवल गणना करता जाता था। गिनती जब बढ़ती गई तो उसने मृत व्यक्ति की एक अंगुली काट कर रखनी आरम्भ कर दी। बाद में वह उन अंगुलियों की माला बनाकर पहनने लगा। सारी नगरी उसके क्रूर कर्मों से त्राहि-त्राहि कर उठी। उस वन में अब कोई आता ही नहीं था। अब उसको अपनी संख्या पूरी करने के लिये ग्रामों में जाना पड़ा। रात्रि में ग्राम में जाता। एक लात से बन्द द्वार तोड़ता लोगों की हत्या करता और अंगुली काट कर ले आता।

ग्रामवासी त्रस्त हुए तो भाग-भाग कर निगमों में जाकर बसने लगे। अहिंसक निगमों में जाने लगा। निगमवासी डर कर नगरों में आकर रहने लगे। चारों ओर के जनों ने श्रावस्ती में आकर शरण ली। सारा जनसमुदाय राजा के प्रांगण में जाकर निवेदन करने एकत्रित हुआ। राजा ने सुना, प्रजा को आश्वस्त किया, किन्तु किसी को विश्वास नहीं हो पाया।

तथागत अनाथपिण्डक के जेतवन में श्रावस्ती में ही निवास कर रहे थे। उनके कान में बात गई। वे अपना भिक्षा पात्र लिये वन को चले। मार्ग में सबने उनको रोकने की चेष्टा की किन्तु सब निष्फल सिद्ध हुआ। तथागत बढ़ते गये।

अंगुलिमाल ने तथागत को आते देखा। उसे क्रोध आ गया। इस प्रकार निर्भय होकर आने वाला व्यक्ति उसका अपमान कर रहा है, यह उसको लगने लगा। उसने अपने अस्त्र-शस्त्र लिये और तथागत की ओर चलने लगा। किन्तु उनको पकड़ नहीं पाया। उसने कहा, "श्रमण! ठहर जा।"

"मैं तो खड़ा हूं।"

"चलते जा रहे हो और कहते हो खड़ा हूं। श्रमण होकर झूठ बोलते हो?"

यों उनमें विवाद होता रहा। अन्त में तथागत ने उसको समझाया कि ने स्वयं तो स्थित हैं और वह चलता जा रहा है। वह प्राणियों में असंयमी है उसने दण्ड का परित्याग नहीं किया है।

अंगुलिमाल पर तथागत की बातों का प्रभाव हुआ।

अंगुलिमान तथागत के समीप आया, चरणवन्दना की शस्त्रास्त्र फेंक दिये। तथागत ने कहा, "आ! भिक्षु!"

पुराण ग्रन्थों में यह कथा इस के सर्वथा विपरीत है।

अंगुलिमाल को लेकर तथागत श्रावस्ती में आये, उधर राजा के प्रांगण में प्रजा त्राहि-त्राहि कर रही थी। राजा ने उन्हें आश्वस्त किया और दो सौ अश्वरोहियों के साथ राजा ने वन की ओर प्रस्थान करने से पूर्व तथागत के विहार में जाना उचित समझा। वहां पहुंचा, तथागत की वन्दना की और एक ओर को बैठ गया।

राजा को चिन्तित अवस्था में देखकर तथागत ने कहा, "राजन्! चिन्ता का विषय क्या है? क्या आप पर मगधराज बिम्बसार क्रुद्ध हैं अथवा वैशाली के लिच्छवि?"

"भन्ते! उनमें से तो कोई क्रुद्ध नहीं है। मेरी चिन्ता का विषक हिंसक अंगुलिमाल है। मैं अपनी इस अश्वारोहिणी सेना को लेकर उसके निवारणार्थ जा रहा हूं।"

"राजन्! यदि आप अंगुलिमाल को श्रमण भिक्षु के रूप में देखेंगे तो क्या करेंगे?"

"हम उसका प्रत्युत्थान करेंगे। आसन ग्रहण करने के लिये आमन्त्रित करेंगे। किन्तु इतना दु:शील पापी कैसे शीलवन और संयमी हो सकता है?"

तथागत ने अंगुलमाल का बाहु पकड़ कर राजा को दिखाते हुए कहा, "राजन्! यह है अंगुलिमाल।"

उसे देखते ही राजा भयभीत और स्तब्ध से हो गये। फिर कुछ देर बाद उठ कर उसके समीप गये और बोले, "आप अंगुलिमाल हैं?"

"हां, महाराज।"

"आपके पिता तथा माता का गोत्र क्या है? राजा मानो आश्वस्त होना चाहता हो।"

"पिता का गार्ग्य और माता का गोत्र मैत्रायणी है।"

"गार्ग्य मैत्रायणी! आप सुख से मेरे राज्य में अभिरमण करिये।"

प्रसेनजित ने तथागत के प्रति कृतज्ञा भरी दृष्टि से देखा और फिर आज्ञा लेकर चला गया।

इसके कुछ बाद दिन बाद तथागत ने अंगुलिमाल को एक दुखी महिला के पास यह कहला कर भेजा कि वह उससे कहे कि उसने अर्थात् अंगुलिमाल ने कभी जान बूझकर किसी प्राणी का वध नहीं किया है, इससे उसका मंगल होगा। किन्तु जब अंगुलिमाल ने कहा कि यह तो असत्यभाषण है। मैंने तो जान बूझकर ही हत्यायें की थीं। फिर भी तथागत ने उसको भेजा और उस स्त्री का मंगल हुआ।

ऐसा विरोधभास तथागत के जीवन में पग-पग पर प्राप्त होता है।

अंगुलिमाल श्रावस्ती में भिक्षाचरण के लिये निकला तो कुछ लोगों ने उसके दृष्कृत्यों को स्मरण कर उस पर पत्थर फेंके, भला बुरा कहा। अंगुलिमाल का सिर फट गया, पात्र टूट गया, किन्तु फिर भी उसने किसी को कोई कटु शब्द नहीं कहा। वह तथागत के पास गया। तथागत ने उसे आश्वस्त करते हुए कहा कि उसने इसी जन्म में नरक भोग लिया है अब उसका विपाक होगा।

इस प्रकार अंगुलिमाल का उद्धार हुआ।

11

कुमार कश्यप

राजगृह के नगर श्रेष्ठि की एक पुत्री थी। वह संन्यास लेना चाहती थी किन्तु माता-पिता ने उसे अनुमति नहीं दी। धूमधाम से उसका विवाह कर दिया। कन्या पतिगृह गई। पति ने उसे सब प्रकार से प्रसन्न रखने का यत्न किया, किन्तु पत्नी उदास रहने लगी। पति ने कारण जानना चाहा तो पत्नी ने बताया कि वह विवाह करना नहीं चाहती, वह श्राविका बनना चाहती थी किन्तु माता-पिता ने अनुमति नहीं दी। उसकी अब भी यही इच्छा है।

बहुत दिनों तक पत्नी अपने पति से आग्रह करती रही। अन्त में पति विवश हो गया। उसे लेकर वह भिक्षुणी आश्रम की ओर गया और घटनावश तथागत की अपेक्षा वह देवदत्त के आश्रम में जा पहुंचा। भिक्षुणियों ने उसकी पत्नी को प्रव्रजित किया।

कुछ दिन बाद आश्रम में भिक्षुणियों को सन्देह हो गया कि वह गर्भवती है। देवदत्त के कान में बात पहुंची तो उसने पूछा कि क्या वह गर्भवती है? उसने स्वीकृति में सिर हिलाया। किन्तु उसने कहा कि उसका यह गर्भ तो उसके पूर्व पति से है, वह आश्रम में गर्भवती नहीं हुई है। देवदत्त ने उसको श्वेत वस्त्र धारण कर आश्रम से जाने के लिये कहा। क्योंकि उसके कारण उसके आश्रम की कुख्याति होने की आशंका थी।

श्राविका ने कहा, "मैं आपके शासन में प्रव्रजित नहीं हूं। मैंने तथागत के शासन में प्रव्रज्या ली है। मेरी आरम्भ से ही यही कामना थी, अतः मुझे तथागत के पास भेज दिया जाये।"

उसे तथागत के आश्रम में भेज दिया गया। तथागत ने उपालि से कहा कि उस भिक्षुणी की जांच करनी चाहिये जिससे उसके सत्यासत्य का ज्ञान हो सके। उपालि उसे विशाखा के संरक्षण में छोड़ आया। विशाखा ने सब भांति उसकी जांच की और उसे निर्दोष घोषित किया।

तथागत सबके मनोगत भावों तक को तो जान लिया करते थे, किन्तु उस गर्भवती के विषय में वे सत्यासत्य स्वयं क्यों नही जान पाए?

कालान्तर में उस भिक्षुणी ने कुमार कश्यप को जन्म दिया। विहार में ही शिशु का लालन पालन हुआ। शिशु के बड़े होने पर उसको राजा प्रसेनजित के संरक्षण में दे दिया गया। जब वह बड़ा हो गया और पढ़ लिख गया तो बीस वर्ष की आयु में उसे पुनः आश्रम में भेज दिया गया। वहां वह प्रव्रजित हुआ।

एक बार भिक्षाचरण करते हुए कुमार को अपनी भिक्षुणी माता मिल गई। माता ने पुत्र को देखा तो स्नेह वश उनके स्तनों में दूध उतर आया। कुमार भी अपनी माता को पहचान कर अनुरक्त सा हो गया। माता ने कहा, 'पुत्र! यह मोह अच्छा नहीं। माता और पुत्र तुरन्त ही बिछुड़ गये।

एक दिन रात्रि के समय कुमार ने अपने वन में विहार करते हुए देखा कि आकाश से देवता उतर कर उससे भांति-भांति के प्रश्न कर रहे हैं। कुमार उन प्रश्नों का उत्तर देने में असमर्थ रहा तो देवता ने कहा, "मैंने तुम से जो प्रश्न किये है उनका उत्तर तथागत से पूछना। उनका उत्तर सुनकर उनको धारण करना।"

यथासमय कुमार ने तथागत से रात्रि की सारी घटना बताई और उनके सम्मुख देवता द्वारा रखे प्रश्नों को सुनाया। कुमार कश्यप को तथागत के उत्तरों से सन्तोष हो गया तो वे धर्म पथ पर अग्रसर होते चले गये। उन्होंने धार्मिक भावनाओं से प्रेरित होकर एक दिन भगवान के प्रति यह उदान कहा:

"यह धर्म धन्य है, भगवान धन्य है, उनके अन्तिम गुण धन्य हैं। उनके कारण ही श्रावक धर्म का साक्षात्कार कर लेता है। मैं असंख्य कल्पों से पांच स्कन्धों के चक्र में फंसा हुआ था। यह भगवान का अन्तिम जन्म है। इस जन्म-मृत्यु से संयुक्त जगत में अब उनका पुनर्जन्म नहीं होगा।"

इस प्रकार तथागत के सश्रावकों में कुमार कश्यप ने अठाईसवां स्थान प्राप्त किया।

विनय पिटक,चुल्ल वग्ग, संयुक्त निकाय, धम्मपद, अंगुत्तर निकाय, थेरी गाथा और उदान आदि में कुमार कश्यप के विषय में बहुत ही विस्तार से वर्णन किया गया है। कुमार कश्यप तथागत को अत्यन्त प्रिय था। उसके बाल्यकाल में ही नहीं अपितु जब वह बीस वर्ष का होने के उपरान्त राजा, प्रसेनजित के प्रासाद से वापस आश्रम में आया था तब भी तथागत उससे अत्यधिक स्नेह करते थे और जो भी कोई वस्तु उनको भेंट करता, यदि वह फल अथवा कोई

मिष्ठान्न होता तो तथागत अपने शिष्यों को कहते, यह कश्यप को दे दो। क्योंकि आश्रम में अनेक कश्यप थे अतः शिष्यों को दुविधा होती थी। तब तथागत ने उसका विशेष नाम कुमार रख दिया था। क्योंकि वह प्रासाद में राजकुमार की भांति पला था इसलिये वह कश्यप कहलाने लगा।

तथागत की ममता का यह अन्यतम उदाहरण है। ऐसी गाथा स्वयं उनके पुत्र राहुल के विषय में भी कहीं वर्णित नहीं है।

12

उदयन

कौशाम्बी के महाराज परन्तप अपनी महारानी के साथ बाहर उद्यान में बैठे थे। शीत ऋतु थी, राजा और रानी उद्यान में धूप का सेवन कर रहे थे। महारानी गर्भवती थी। वह लाल कम्बल ओढ़े उद्यान में बैठी थी। उसने कम्बल से अपने शरीर को भली भांति ढका हुआ था।

उस समय आकाश में एक बाज पक्षी उड़ रहा था। उद्यान में रानी को लाल कम्बल ओढ़े देख कर कदाचित उसको वहां मांस का भ्रम हुआ। वह लाल कम्बल पर झपटा और उसे उठा कर उड़ता बना। रानी ने कम्बल भली प्रकार ओढ़ और पकड़ रखा था इस कारण वह भी कम्बल के साथ ही उड़ी चली गई। राजा ने देखा तो वह चिन्तित हुआ, कुछ दूर तक बाज पक्षी का पीछा किया, किन्तु वह तो ऊपर आकाश में उड़ता जा रहा था। राजा का चीखना चिल्लाना व्यर्थ सिद्ध हुआ।

रानी को गिरने की चिन्ता होने लगी। उसने समझ लिया कि यदि आकाश से गिरी तो धरती पर पड़ते ही उसका सारा शरीर क्षत विक्षत हो जायेगा, उसका गर्भ नष्ट हो जायेगा। इस कारण वह जोर से और यत्न से कम्बल को पकड़े रही।

पक्षी अनन्त आकाश में उड़ता रहा। दूर जाने पर उसे थकान होने लगी और गठरी भी भारी लगने लगी। कदाचित पक्षी ने भी सोचा होगा कि कहां बैठ कर मांस भक्षण किया जाये। इसलिये सुदूर पर्वत शिखर पर एक हरा-भरा वृक्ष देख कर उसने उस गठरी को वहां पर सुरक्षित रख दिया। दो शाखाओं के मध्य में रखी जाने के कारण रानी गिरने से बच गई।

रानी के आकाश से गिर कर क्षत विक्षत होने का भय तो दूर हुआ किन्तु अब उसको वृक्ष से गिरने अथवा बाज पक्षी के चंचु प्रहार का भय सताने लगा। वह जोर-जोर से चिल्लाई किन्तु कोई उसकी सहायता के लिये आता दिखाई नहीं दिया। उस निर्जन वन में कोई मनुष्य

प्राणी रहता ही नहीं था। इसका एक सुपरिणाम यह हुआ कि उसका शोर सुनकर बाज पक्षी उड़ कर भाग गया। रानी कुछ आश्वस्त हुई, किन्तु पेड़ गिरने का भय तो फिर भी बना ही रहा।

इस प्रकार तीन दिनों तक रानी उस वृक्ष पर बैठी रही। इन दिनों उसने किसी मनुष्य के दर्शन नहीं किये। चौथे दिन प्रातः काल उसी पर्वत के मूल में निवास करने वाले एक तपस्वी उधर भ्रमण के लिये निकल आये। रानी ने उन्हें देखा तो चिल्लाना आरम्भ किया। तपस्वी ने स्वर सुना तो वे उस ओर को आ गये।

रानी को आशा बंधी। किन्तु तपस्वी ने जब लाल गठरी देखी तो उनको भय लगने लगा। रानी समझ गई कि तपस्वी उसको देख कर डर रहे हैं। उन्होंने फिर कहा, 'मुनि! मुझे बचाइये। मैं मनुष्य हूं, विपत्ति में हूं।"

"आप वृक्ष की शाखा पकड़ कर नीचे उतर आइये।"

"मैं गर्भवती हूं, गिरने का भय है। आप किसी प्रकार सीढ़ी की व्यवस्था करके मुझ पर उपकार कीजिये।"

'तपस्वी, जिनका नाम अल्लकप था, ने किसी प्रकार सीढ़ी बनाई और उसके सहारे महारानी किसी प्रकार नीचे उतरी। तपस्वी महारानी को अपनी कुटिया में लाये और उन्होंने पथ्य के रूप में पतली खिचड़ी बना कर महारानी को खिलाई। यह संयोग की बात थी कि उसी समय रानी को प्रसव वेदना हुई और वहीं उनको पुत्ररत्न की प्राप्ति हुई। बालक ने वर्षा ऋतु के उदय के साथ जन्म लिया था इस लिये उसका नाम उदयन रखा गया। रानी ने उसक बाद तपस्वी को अपना पूरा परिचय दिया और शिशु रक्षा के लिये प्रार्थना की। तपस्वी ने फल आदि से उनका भरण पोषण किया। रानी वहीं रहने लगी। एक मात्र शिशु अब उनका जीवनाधार था।

रानी तपस्वी के पास ही रह रही थी। उदयन बड़ा होता गया। उस अवधि में कौशाम्बी में महाराज का देहान्त हो गया। तपस्वी ने अपने तपोबल से यह सब जान लिया। तपस्वी ने रानी से कहा, "आपके पति का देहान्त हो गया है, अब आप बताइये आप क्या करना चाहोगी?"

उस समय तो रानी कुछ बता नहीं पाई। क्योंकि वह बहुत शोकाकुल हो गई थी। कुछ समय बाद जब उसका मन कुछ स्थिर-सा हुआ तो तपस्वी ने पुनः पूछा। रानी ने पुत्र से पूछ कर बताने की बात कही। पुत्र को बुलाया गया और उसको सारी स्थिति बताई गई। तभी पुत्र

को यह भी पता चला कि उसका वास्तविक पिता कौन है। उदयन ने कहा कि वह तो राजपुत्र है, अतः वह राजधानी जाकर छत्र धारण करना अधिक उपयुक्त समझता है।

तपस्वी को सिद्धि प्राप्त थी। वे हस्तिकान्त मन्त्र जानते थे। वे बहुत अच्छे वीणा वादक भी थे। तपस्वी उदयन पर प्रसन्न थे। उन्होंने उदयन को हस्तिकान्त मन्त्र सिखाया और उसके साथ ही वीणा वादन भी सिखाया। उदयन मेधावी था वह बहुत शीघ्र सब कुछ सीख गया। उसने प्राप्त विद्या का परीक्षण किया और उसे सफल जान कर अपनी राजधानी लौटने का निश्चय किया।

उदयन ने अपनी माता से संकेत चिन्ह के रूप में उनकी मुद्रिका मांगी और वह लाल कम्बल मांगा जिसे वे उस दिन ओढ़े हुए थी जब बाज उसको उठा कर ले गया था।

उदयन ने माता और तपस्वी की चरण वन्दना करके राजधानी के लिये प्रस्थान किया। अपने राज्य की सीमा में पहुंच कर उदयन घोषणा करता गया कि वह राज्य करने जा रहा है। जिन्हें धन-सम्पति की आवश्यकता हो, अथवा इच्छा हो, वे उसके साथ आयें। अनेक साहसी युवक उसके पीछे चलने लगे। इस प्रकार उसने एक विशाल सेना एकत्रित कर ली।

उदयन ने उस सेना के सहारे कौशाम्बी नगर पर घेरा डाल दिया और राज-प्रासाद में सन्देश भेजा कि वह राजा का पुत्र है। महारानी जी का कम्बल और मुद्रिका उसके पास है, उसकी माता जी जीवित है। जिन्हें विश्वास न हो वे मेरे साथ आयें और स्वयं अपनी आंखों से देखें। उसने घोषणा की कि उसे अपने पिता का राज और सम्पत्ति चाहिये।

किसी ने उदयन का विरोध नहीं किया। उसके लिये कौशाम्बी नगरी के द्वार खुल गये। जयघोष और विशाल अवैतनिक सेना के साथ उदयन ने नगरी में प्रवेश किया। सबने उसको राजा स्वीकार किया और उसको छत्र प्रदान किया गया।

राजा उदयन ने शान्ति पूर्वक राज्य कार्य आरम्भ कर दिया। किन्तु अपने शिल्प का भी उसने ध्यान रखा और अवसर मिलने पर वन में जाकर उसका अभ्यास भी करता रहा। हाथियों का संग्रह करता रहा।

उदयन ने घोषक को अपना कोषाध्यक्ष बनाया और उसकी पुत्री सामावती के साथ विवाह किया।

उज्जैन के राजा चण्ड प्रद्योत ने जब उदयन की कला के विषय में सुना तो उसकी इच्छा वह विद्या सीखने की हुई। किन्तु उदयन माने नहीं।

प्रद्योत ने षड्यन्त्र रचा। एक काठ का हाथी बनाकर उसके भीतर अपने सैनिक भर दिये।

उदयन को हाथी पकड़ने का शौक तो था ही, वह उसको पकड़ने के लिये हाथी के पास गया तो उसके पहुंचते ही काठ के हाथी का द्वार खुल गया और उज्जयिनी के सैनिक बाहर निकल आये। सैनिक उदयन पर टूट पड़े, उसे बन्दी बना लिया गया।

उदयन को उज्जयिनी लाया गया। राजा स्वयं उससे विद्या सीखने नहीं गया अपितु अपनी अविवाहित युवती कन्या को उसके पास विद्या सीखने के लिये भेज दिया और उसको समझा दिया कि किस निमित्त यह षड्यत्र रचा जा रहा है। उदयन चण्डप्रद्योत की कन्या वासवदत्ता पर रीझ गया। उसको साथ लेकर अपने नगर लौट आया, प्रजा प्रसन्न हुई।

सामावती

पिछले प्रकरण में हमने कौशाम्बी के नवयुवक महाराज उदयन का उल्लेख किया है। उदयन की यह कथा विनय पिटक एवं धम्म पद में ही नहीं अपितु चार अन्य बौद्ध ग्रन्थों में भी पाई जाती है। किन्तु उदयन का गौतम से क्या सम्बन्ध था यह पिछली कथा से कहीं स्पष्ट नहीं हुआ। उसके लिये आगे की कथा का प्रसंग आवश्यक है।

ऐसा माना जाता है कि जब भद्रावती में भयंकर प्लेग फैला तो उससे बचने के लिये भद्रावती निवासी भाग कर कौशाम्बी आ गये थे। कौशाम्बी आकर उसके माता-पिता का तो देहान्त हो गया तब उसको एक श्रेष्ठि ने अपनी कन्यां के समान पाला पोसा। उस श्रेष्ठि का नाम घोषक था। सामावती का वास्तविक नाम 'श्यामा' था। वही बाद में श्यामावती कहलाई और पालि भाषा में उसे 'सामावती' कहा जाने लगा।

सामावती एक बार पर्व स्नान करने के लिये गई तो वहां उस पर राजा उदयन की दृष्टि पड़ गई। उसने उसके कुलगोत्र का पता लगाया और फिर उसके पोषक पिता घोषक के पास अपना सन्देश भेजा। उदयन और सामवती का परस्पर विवाह हो गया।

पिछला प्रकरण और प्रस्तुत प्रकरण दोनों ही बौद्ध ग्रंथों के आधार पर हैं, किन्तु दोनों में सामावती-उदयन विवाह की गाथा भिन्न है।

कुछ समय बाद उदयन का मागंदिय के साथ भी विवाह हुआ। किंवदन्ति है कि मागंदिय के पिता अपनी कन्या का तथागत के साथ विवाह करना चाहते थे, और मागंदिय की भी यही इच्छा थी। किन्तु तथागत ने अस्वीकार कर दिया था। मागंदिय को यह बात अच्छी नहीं लगी। उसने तथागत से इसका प्रतिकार लेने का निश्चय किया। उदयन के राजाप्रसाद में सामावती

तथागत की भक्त मानी जाती थी, जबकि राजा स्वयं तथागत का भक्त नहीं था।

बौद्ध साहित्य में उल्लेख है कि मागंदिय ने सामावती के विरुद्ध राजा के कान भर दिये कि वह किसी प्रकार षड्यन्त्र कर राजा को मार डालना चाहती है। किन्तु मागंदिय का षड्यन्त्र सफल नहीं हुआ। क्योंकि सामावती पर तथागत की कृपा थी। तथागत के भक्त पर संकट कभी नहीं आया।

इसने खिन्न होकर मागंदिय ने अन्य उपाय किया। कुछ सेवकों को लोभ-लालच देकर राजमार्ग में तथागत की निन्दा करवानी आरम्भ कर दी। आनन्द इससे खिन्न होकर तथागत से बोला कि यहां रहना उचित नहीं, कहीं और चलना चाहिये। किन्तु तथागत को तो अपनी महत्ता सिद्ध करनी होती थी, वे भला किस प्रकार जा सकते थे। तथागत ने कहा, "नहीं आनन्द! मैं उस हाथी के समान हूं जो कीचड़ में प्रविष्टि हो गया है। अब मुझे उस कीचड़ को तो सहन करना ही होगा।" बस, सात दिन के भीतर ही वह कीचड़ स्वयमेव साफ हो गया।

मागंदिय ने उसके बाद कोई और उपाय किया। उसे भी सामावती ने असफल कर दिया तो फिर उसने चौथा उपाय किया। इस प्रकार वह उपाय पर उपाय करती गई और तथागत की महिमा उन उपायों को निष्फल करती रही। इसमें निमित्त सामावती बनती गई। यहां तक कि एक बार राजा उदयन सामावती पर इतने कुपित हुए कि उसे मारने के उद्यत हो गये, क्योंकि उस पर राजा को मारने के षड्यन्त्र का आरोप था। राजा ने ज्यों ही उसे मारने के लिये धनुष से अपना बाण छोड़ा कि तथागत की कृपा से, वह बाण उसके हृदय पर न लगकर नीचे धरती पर जा लगा। ऐसी होती थी तथागत की कृपा।

मांगदिय इससे निराश नहीं हुई उसने पुनः षड्यन्त्र रचा और उस षड्यन्त्र में किसी प्रकार सामावती मारी गई। मांगदिय को प्रसन्नता हुई। किन्तु तथागत की कृपा से मांगदिय राजा की प्रिय पत्नी बनने से वंचित ही रह गई, राजा को उसके षड्यन्त्र को ज्ञान हो गया था और वे मांगदिय पर कुपित हो गए थे, किसी प्रकार सैनिकों ने मागंदिय के प्राण बचाये। हाँ, तथागत को अपनी परम भक्त सामावती से विलग होना पड़ा।

मागंदिय ने जिन-जिनको षड्यन्त्र में सम्मिलित किया था, उनको राजदण्ड मिला। श्रावकों और उपासकों ने जब मागंदिय के विषय में तथागत से पूछा तो तथागत ने कहा, "जो प्रव्रजित गृहस्थ प्रमाद के साथ विहार करते हैं, वे जीवितवस्था में भी मृत स्वरूप ही हैं और सामावती सखियों के साथ मर कर भी जीवित है। अप्रमादियों की मृत्यु नहीं होती।"

ऐसा था तथागत का धर्म और शासन।

13

देवदत्त

तथागत राजपाट त्याग कर सम्यक् सम्बुद्ध बनकर जब सात वर्ष बाद कपिल वस्तु गये थे तो उस समय राजप्रासाद के लगभग सभी व्यक्ति एवं तथागत के नाते रिश्तेदार प्रव्रजित हुए थे। तथागत के चचेरे भाई देवदत्त का प्रसंग एक दो बार पहले भी आ चुका है। कपिलवस्तु के जनों को प्रव्रजित कर तथागत जब कौशाम्बी की ओर जा रहे थे तो मार्ग में सर्वत्र तथागत का बड़ा स्वागत सत्कार और मान होता था। देवदत्त ने यह देखा तो उसके मन में लालसा जागी कि उसका भी इसी प्रकार मान--सम्मान होना चाहिये।

उसने अपने मन में योजना बनाई और उस योजना में मगध के राजकुमार अजातशत्रु की सहायता प्राप्त की। उसका विचार था कि यदि अजातशत्रु उसको सहायता करें तो उसकी योजना सफल हो सकती है। किन्तु इस कार्य में देवदत्त को अनेक वर्ष लग गये। बौद्ध साहित्य में उल्लेख है कि तथागत के निर्वाण से केवल आठ वर्ष पूर्व ही वह अजातशत्रु से मित्रता के प्रयास में सफल हो पाया था। देवदत्त को अनेक सिद्धियां प्राप्त थीं। बौद्ध साहित्य में तथागत के अतिरिक्त उसी व्यक्ति को सिद्धि प्राप्त होती दिखाई गई है जिसको कालान्तर में अपमानित करना होता है। यही कारण है कि तथागत के पट्टशिष्य आनन्द को कोई सिद्धि प्राप्त नहीं थी और जो देवदत्त सदा तथागत का विरोध करता था वह सिद्धि का स्वामी बन गया था।

देवदत्त की ऋद्धि से अजातशत्रु प्रभावित हुआ। वह देवदत्त के आश्रम में नियमित रूप से आने-जाने लगा। प्रजा ने भी सोचा कि जब राजकुमार जाते है तो निश्चय ही देवदत्त में कोई विशेषता होगी अतः प्रजा भी देवदत्त के पास जाने लगी। देवदत्त के यहां भीड़ एकत्रित होने लगी।

एक बार तथागत जब राजगृह गये और अपने वेणुवन में विहार करने लगे तो उनके शिष्यों ने देवदत्त की ख्याति की बात उनके मन में डाली और बताया कि राजकुमार अजातशत्रु

उनके परम भक्त बन गये है। तथागत ने अपने शिष्यों से कहा, "भिक्षुओ!" देवदत्त से स्पृहा मत करो। यह लाभ-सत्कार उसके नाश का कारण होगा।

तथागत ने देवदत्त के नाश की बात तो कर दी किन्तु तथागत होने के नाते उस नाश से देवदत्त को बचाने के लिये उनके मन में कोई विचार ही नहीं आया। अर्थात् तथागत चाहते थे कि देवदत्त का नाश हो, अन्यथा वे उसको सावधान करते, या कोई अन्य उपाय करते, जिससे कि एक प्राणी नष्ट होने से बच जाता।

तथागत राजगृह में ही थे और एक बड़ी परिषद में बैठे उपदेश कर रहे थे। राजा भी वहां उपस्थित था। देवदत्त भी उसमें बैठा था। देवदत्त ने खड़े होकर अंजलि बद्ध तथागत से निवेदन किया, "भन्ते! अब आप वृद्ध हो गये है। भिक्षु संघ आप मुझको दे दें।"

तथागत ने कहा, "मैं सारिपुत्र और मौद्गलायन तक को तो भिक्षुसंघ सौंप नहीं सकता, तुम्हें कैसे सौंप दूं। तुम तो मृत थूक के समान हो।"

देवदत्त क्रुद्ध हो गया और इसे अपमान समझ वह परिषद् से बाहर चला गया। उसने प्रतिशोध लेने के अनेक उपाय किये किन्तु उसको असफलता ही असफलता मिलती रही। अन्त में उसने तथागत तथा संघ की शक्ति क्षीण करने के लिये भिक्षु संघ में भेद उत्पन्न करने का यत्न किया। उसने अपने अनेक साथियों के साथ उन लोगों को भी मिलाया जो तथागत के धर्म का पहले से विरोध करते आ रहे थे।

योजनाबद्ध रूप से देवदत्त उन लोगों को लेकर परिषद् में पहुंचा वहां उसने तथागत से वे प्रश्न किये जिनके विषय में वह समझता था कि तथागत उनकी लपेट में आ जायेंगे। किन्तु यह बात नहीं बनी। यहां तक कि मत्स्य-मांस के सेवन के विषय में भी तथागत ने कहा, "देवदत्त! मैंने केवल अदृष्ट, अश्रुत तथा अपरिशंकित कोटि के 'परिशुद्ध मांस की अनुज्ञा दी है।"

अन्त में देवदत्त ने अपना अलग भिक्षु संघ स्थापित कर लिया। आनन्द ने तथागत को जब इसकी सूचना दी तो तथागत ने कहा, "सज्जनों के साथ भलाई सुखकर है, दुर्जनों के साथ भलाई दुष्कर है। पापियों के साथ पाप सुखकर है। आर्यो के साथ पाप दुष्कर है।"

फिर भी पांच सौ भिक्षु देवदत्त के साथ चले ही गये। उसने गयाशीर्ष में अपना विहार स्थापित किया। तथागत को जब विदित हुआ तो उन्होंने सारिपुत्र और मौद्गलायन से कहा कि वे उन भिक्षुओं को समझा बुझा कर वापस लाये।

सारिपुत्र और मौद्गलायन गयाशीर्ष गये। उस समय देवदत्त प्रवचन कर रहा था। उन्हें आते देखकर बोला, "देखो, मेरा धर्म कितना श्रेष्ठ है। सारिपुत्र और मौद्गलायन भी इसमें सम्मिलित

होने के लिये आ रहे है।"

उनके आने पर देवदत्त ने उनका स्वागत किया और कहा, "मेरी पीठ बैठे-बैठे गरम हो गई है। अब आप भिक्षु संघ को उपदेश करो।" देवदत्त विश्राम करता हुआ सो गया और सारिपुत्र ने भिक्षु संघ को उपदेश किया। उसका प्रभाव हुआ। अन्त में सारिपुत्र ने कहा, "आवुसो! उठो, जहां भगवान है, वहां चलें।"

सारा भिक्षु संघ उठकर तथागत के पास चला गया। देवदत्त की नींद खुली तो वह कोकालिक के साथ अकेला रह गया था। देवदत्त इस आघात को सहन नहीं कर सका। वह बीमार पड़ गया और नौ मास तक पड़ा रहा। अजातशत्रु भी उसकी कोई सहायता नहीं कर सका।

बुद्ध कथा में श्री रघुनाथ सिंह ने लिखा है, "उसका अन्त आया। भगवान का दर्शन करना चाहा। पुराने रक्त सम्बन्ध ने जोर मारा। शिविका मंगाई। जेतवन की ओर प्रस्थान किया। मार्ग में एक पुष्करिणी पड़ती थी। उसने विचार किया जेतवन पहुंचने के पूर्व हाथ मुख धो लेना अच्छा होगा। शिविका से उतरा, पुष्करिणी के तट की ओर चला। तट पर पहुंचने के पूर्व ही भूमि फट गई, देवदत्त भूमि में समा गया।"

इसके बाद भी 'बुद्ध कथा' में वह कथा वर्णित है जिसका उल्लेख कर हम तथागत की ख्याति को और अधिक हानि पहुंचाना नहीं चाहते। अर्थात् उसमें देवदत्त के तथाकथित षड्यन्त्रों का उल्लेख है। हम समझ नहीं पा रहे हैं कि भूमि में समा जाने के उपरान्त देवदत्त के उन षड्यन्तों का उल्लेख करने की क्या आवश्यकता थी ? कदाचित बौद्ध साहित्य में उनका उल्लेख इसी क्रम से किया गया होगा और 'बुद्ध कथा' के लेखक ने उसी क्रम को अपना कर अपनी भक्ति का परिचय दिया हो। जो हो। हमें इस विषय में अधिक नहीं कहना है।

इन षड्यंत्रों में अजातशत्रु द्वारा अपने पिता की हत्या कर राजपाट छीनना तथा स्वयं देवदत्त द्वारा षड्यंत्र कर तथागत का शासन छीनना, आदि सब उस प्रकार की घटनाओं का उल्लेख है जो मुगल इतिहास में पढ़ने अथवा सुनने को प्राप्त होती है।

अजात शत्रु, जिसका नाम ही अजात शत्रु इसलिये पड़ा था कि उसका कोई शत्रु था ही नहीं, बौद्ध साहित्य ने उसको भी पिता का हत्यारा और षड्यंत्रकारी सिद्ध करने का यत्न किया है।

14

बिम्बसार

प्रस्तुत प्रसंग हम 'बुद्ध कथा' के आधार पर समाविष्ट कर रहे हैं। बिम्बसार तथागत का बाल सखा था और तथागत से वह पांच वर्ष छोटा था। वह पन्द्रह वर्ष की आयु में सिंहासन पर बैठा था। उस समय उसने तथागत के विषय में सुना और तथागत से पाण्डव पर्वत पर प्रथम साक्षात्कार हुआ था। उसके बाद वह उनका भक्त बन गया था।

कोसलादेवी बिम्बसार की पटरानी थी। कोसलराज प्रसेनजित की वह बहन थी। उससे एक पुत्र हुआ, उसका नाम अजातशत्रु रखा गया। बिम्बसार की दूसरी पत्नी का नाम क्षेमा था। इन दोनों का उल्लेख हम पूर्व पृष्ठों पर भी कर चुके है। तीसरी पत्नी उज्जयिनी की पद्मावती थी। पद्मावती का पुत्र अभय राजकुमार था। अम्बपाली से भी बिम्बसार का एक पुत्र था। उसका नाम विमल कौडिन्य था। अम्बपाली गणिका थी, उसका बुद्ध के जीवन में स्थान है, अतः उसका उल्लेख आगे के पृष्ठों पर किया जायेगा। अन्य स्त्रियों से भी बिम्बसार के दो पुत्र थे। उनका नाम शीलव और जयसेन था। एक कन्या थी उसका नाम चुन्दी था।

कालान्तर में जब अजातशत्रु बड़ा हुआ तो वह देवदत्त के प्रभाव में आ गया और उसकी मन्त्रणा से उसने राजा बिम्बसार को कारागार में डाल कर स्वयं राज्य हड़प लिया। वह राजा को भोजन तक नहीं देता था। अजातशत्रु ने आदेश दिया, "उसकी आज्ञा के बिना उस कारागार में उसकी माता के अतिरिक्त अन्य कोई नहीं जायेगा।"

रानी किसी प्रकार अपने आंचल में छिपा कर बिम्बसार के लिये भोजन ले जाती थी। उससे उसका निर्वाह हो रहा था। राजा को पता चला तो उसने आज्ञा दे दी कि माता बिना आंचल बांधे भीतर प्रवेश करे। तब रानी ने जूड़े में भोजन छिपाया, यह भी पता चल गया। उस पर प्रतिबन्ध लग गया। रानी सुवर्ण पादुका में भोजन छिपा कर ले जाने लगी, उसका भी

पता चला तो रानी को पादुका विहीन भीतर जाने का आदेश हुआ। रानी ने स्नान के समय चार मधुर रस अपने शरीर पर मलने आरम्भ किये। राजा उसका शरीर चाट कर प्राण धारण कर रहा था।

पिता मरता नहीं, अजातशत्रु को चिन्ता हुई। उसने रानी का कारागार में जाना बन्द करवा दिया। बिम्बसार आहार हीन रहकर कारागार में निवास करने लगा। अजात शत्रु ने पिता को मारने का षड्यन्त्र किया और कारागार में ही एक नापित द्वारा उसकी हत्या करवा दी।

कालान्तर में अजातशत्रु की पत्नी ने पुत्र को जन्म दिया। अजातशत्रु को बड़ी प्रसन्नता हुई। उसने ज्योतिषियों से उसकी भाग्य रेखा पढ़वाई। सुनकर राजा और भी प्रसन्न हुआ। सहसा उसको विचार आया कि जिस प्रकार पिता बनने पर उसको प्रसन्नता हो रही है, क्या उसके पिता को भी उसके जन्म पर इसी प्रकार की प्रसन्नता हुई होगी ?

यह बात जानने के लिये वह अपनी माता के समीप गया। उसने माता से इस विषय में पूछा तो उसकी माता ने उसके बाल्य काल की उन सब दुखद घटनाओं का उल्लेख किया जो उसके सुख चैन के लिये उसके पिता ने सही थीं।

अजातशत्रु को स्वयं पर ग्लानि हुई। उसके मन में विचार आया कि उसने यह क्या कर दिया है। ऐसे दयालु पिता को उसने कारागार में डाल दिया। उसने तुरन्त आदेश दिया, "पिता को कारा मुक्त करो।"

उस समय उसको बताया गया कि उसकी योजनानुसार नापित ने जो कार्य किया उसके परिणाम स्वरूप उसके पिता बिम्बसार की मृत्यु हो गई है।

अजातशत्रु ने श्रद्धापूर्वक राजा का अन्तिम संस्कार आदि सभी कृत्य किये।

बुद्ध कथा के लेखक अन्त में लिखते है, "किन्तु अजातशत्रु ने पितृहत्या का जो बीजारोपण किया था वह पांच पीढ़ी तक चलता रहा। अजातशत्रु ने बिम्बसार को मारा उदय ने अजातशत्रु को मारा। महामुण्ड ने उदय को मारा, अनुरुद्ध ने नागदास को मारा, नागदास को राष्ट्रवासियों को मारा।"

बौद्ध साहित्य इसी प्रकार की कथाओं से परिपूर्ण है। उसमें तथागत, जिसको भगवान के नाम से भी सम्बोधित किया गया है, को ही केन्द्रित कर कथायें रची गई हैं और उनकी इच्छा के विपरीत जो कुछ हुआ उसको हेय सिद्ध करने का यत्न किया गया है। हम समझते हैं कि यह तथागत के प्रति अन्याय हो गया है। उन कथाओं में इतनी अतिशयोक्ति है कि उन्हें पढ़कर नहीं लगता कि ऐसा व्यक्ति शुद्ध, बुद्ध, तथागत अथवा सम्यक् सम्बुद्ध हो सकता है। वे

कथानक गौतम बुद्ध को भगवान सिद्ध करते-करते प्रबुद्ध पाठक के मन में उनके प्रति घृणा एवं वितृष्णा का भाव भर देते हैं। इनका सम्यक् संशोधन होना चाहिये और बुद्ध का विशुद्ध चरित्र विश्व मानव के सम्मुख प्रकट किया जाना चाहिये।

बौद्ध साहित्य को पढ़ कर ऐसा नहीं लगता है कि जिस जरा-मरण तथा रोग से बुद्ध ने मुक्ति का उपाय किया था वास्तव में उन्हें सफलता प्राप्त हुई होगी।

सारिपुत्र और मौद्गलयान

सारिपुत्र तथागत के अनन्य शिष्य थे। जब उनको लगा कि अब उनका अन्त समय आ गया है तो उन्होंने अपने जन्म ग्राम में जाने का विचार बनाया। एतदर्थ अपने कुछ शिष्यों को तैयार किया और तथागत से आज्ञा लेने उनके पास पहुंचे और बोले, "भन्ते! मेरा परिनिर्वाण काल आ गया है, मैं अपने ग्राम जाना चाहता हूं।"

"वहां क्यों ?" तथागत ने पूछा

"जहां यह शरीर पाया वहीं इस शरीर का त्याग करूंगा।"

बुद्धत्व प्राप्त व्यक्ति को माटी का यह मोह क्यों?

तथागत ने कहा, "ठीक है। जो तुम उचित समझो।"

"भन्ते! मेरे कायिक, वाचिक सभी अपराध क्षमा करें।"

"तुम्हें क्षमा प्राप्त है। तुमने कायिक, वाचिक कोई अपराध नहीं किया है।"

सारिपुत्र ने तथागत की प्रदक्षिणा की और अपने ग्राम की ओर प्रस्थान किया। तथागत ने अपने लगभग सभी शिष्यों को उनकी विदाई के लिये भेजा, वे स्वयं अकेले रह गये। किन्तु श्रावस्ती की सीमा पर पहुंच कर सारिपुत्र ने सबको वापस भेज दिया।

नालक ग्राम पहुंच कर उन्होंने अपनी माता के पास अपने आगमन का सन्देश भिजवाया। कहा, "मैं एक रात्रि यहां विश्राम करूंगा। मेरा जन्म गृह साफ कर दिया जाये।"

व्यवस्था होने पर सारिपुत्र अपने जन्म प्रकोष्ठ में प्रविष्ट हुए। सारिपुत्र को मरणान्तक पीड़ा हुई, रक्तस्राव हुआ। माता देख नहीं पा रही थी। सारिपुत्र ने माता को समझाया और प्रातः काल होने पर उन्होंने भिक्षु संघ को एकत्रित करने के लिये कहा। एकत्रित होने पर भिक्षु संघ से सारिपुत्र ने अपने कायिक, वाचिक अपराधों के लिये क्षमा याचना की।

कुछ काल बाद उनको परिनिर्वाण प्राप्त हो गया।

इसी प्रकार मौद्गलायन का भी कुछ काल उपरान्त परिनिर्वाण हुआ। बौद्ध धर्म विरोधी साधुओं का विश्वास था कि जब तक मौद्गलायन जीवित है उन तैर्थिकों का मान-सम्मान नहीं होगा। उन्होंने उसको मारने के लिये षड्यन्त्र रचा। उन्होंने पेशेवर हत्यारों को बुलाकर उन्हें बहुत सारा प्रलोभन देकर मौद्गलायन को मारने को कहा मोद्गलायन अपने योगबल से खिड़की से बाहर निकल गये। हत्यारे निराश लौट गये। उन्होंने दूसरे दिन फिर यत्न किया, फिर वही दशा हुई।

तभी मौद्गलायन को स्वयं प्रतिभास हुआ कि उनका अन्त समय आ गया है। कर्म का परिणाम भोगने के लिये उन्होंने अपनी रक्षा के सारे उपाय त्याग दिये। हत्यारों ने उनको मारा और उनकी हड्डी कूट कर चूर्ण बना दिया। और उसे चूर्ण को एक झाड़ी में फेंक कर चले गये।

"किन्तु स्थान पर?"

"काल शिला प्रदेश में"

"ठीक है।"

मौद्गलायन ने शास्ता की वन्दना की, क्षमा याचना की और कालशिला प्रदेश में पहुंचे गये। वहां परिनिवृत्त हुई।

पुराणों में शुक्राचार्य द्वारा अपनी पुत्री के प्रिय के शरीर से बने आसव को उसे पान करने वालों के पेट से निकाल कर उसे पुनजीर्वित करने की जो कथा है; उसकी अपेक्षा यह कथा कम रोचक और मनोरंजक नहीं है।

15

बुद्ध के सप्तशील

अपने पिता को कारागार में डाल कर तथा बाद में तिल-तिल कर उनको मारने वाला अजातशत्रु बुद्ध का अनन्य शिष्य था। बुद्ध भी उसकी रक्षा के उपाय करते रहते थे। एक बार अजातशत्रु ने वज्जियों से युद्ध करने की ठानी तो इस विषय में बुद्ध के विचार जानने चाहे। वज्जि गणराज्य पूर्णतया बौद्ध राज्य था। बुद्ध की उस पर असीम कृपा थी।

आक्रमण करने से पूर्व अजातशत्रु ने अपने महामात्य वर्षकार को बुद्ध के पास भेज कर उनके विचार जानने चाहे। वर्षकार जब पहुंचा तो बुद्ध उसका मन्तव्य समझ गये। बुद्ध ने सीधे वर्षकार को कुछ नहीं कहा और आनन्द से प्रश्न करने लगे कि क्या वज्जि-गण उनके द्वारा प्रति पादित सप्तशीलों का पालन करते हैं? आनन्द ने स्वीकृति सूचक उतर दिया तो बुद्ध ने कहा, "आनन्द जब तक वज्जि यह सब करते रहेंगे, वे उच्छिन्न नहीं होगे।"

बुद्ध शासन में सप्तशील का विशेष महत्व माना गया है। यहां हम उन सप्तशीलों का उल्लेख करने के लिये इस प्रकरण को उद्घृत कर रहे हैं।

वर्षकार जिस समय बुद्ध के समीप पहुंचा, बुद्ध शान्त मुद्रा में अपने आसन पर बैठे थे। सामान्य औपचारिकता के उपरान्त वर्षकार ने अपना प्रयोजन बताते हुए कहा, "गौतम! राजा की इच्छा है कि वे वज्जियों को उच्छिन्न करें।"

गौतम ने पंखा झलने वाले आनन्द से प्रश्न किया, "आनन्द! क्या वज्जिगण सन्निपात बहुल हैं? क्या वे बैठक का आह्वान सुनते ही एकत्रित हो जाते हैं? क्या वे एक साथ उत्थान करते हैं? क्या वे एक मत करणीय करते हैं? क्या वे पुरातन नियम का पालन करते हैं? क्या वे अपने वृद्धों का सत्कार करते है? क्या वे कुल ललनाओं का आदर सत्कार करते हैं? क्या वे चैत्यों की पूजा करते हैं?"

आनन्द ने उत्तर दिया, "हां, भन्ते वे यह सब करते हैं।"

"आनन्द ! जब तक वज्जि यह सब करते रहेंगे वे उच्छिन्न नहीं होंगे। मैंने स्वयं उन्हें इनका पालन करने का निर्देश दिया था। यह सातों धर्म जब तक उनमें विद्यमान रहेंगे उनका नाश नहीं होगा, उनकी वृद्धि होती रहेगी।"

वर्षकार बुद्ध से विदा लेकर चला गया। बुद्ध ने संघ एकत्रित किया और उसको अपने सप्तशील का उपदेश किया तथा भिक्षु संघ के लिये गणतंत्रीय विधान को निश्चित किया।

किन्तु वर्षकार की कुटिल चाल से लिच्छवियों में फूट पड़ी और वैशाली का पतन हो गया। यह इतिहास की घटना है। बुद्ध के जीवन से इसका सप्तशील तक का ही संबंध था।

16

आम्रपाली

आम्रपाली वैशाली की नगरवधू थी। राजा को प्रिय थी, नागरिकों को प्रिय थी। बुद्ध को मोहित करने के लिये आम्रपाली ने अनेक उपाय किये किन्तु अन्त में वह स्वयं मोहित होकर उपासिका बन गई थी। इतिहास तथा बौद्ध ग्रन्थों में इसका उल्लेख पाया जाता है। आम्रपाली से वैशाली की शोभा थी, इसका उल्लेख हम जीवक के प्रकरण में कर आये है।

उस बार बुद्ध वैशाली में अन्तिम बार आये थे। आम्रपाली के आम्रवन में विहार किया। आम्रपाली ने सुना तो वह अपने पूर्ण साज सज्जा और श्रृंगार के साथ उनके दर्शनों के लिये गई। जहां तक रथ जा सकता था, उसमें बैठी रही और फिर पैदल चल कर बुद्ध के समीप पहुंची। उसने बुद्ध को प्रणाम किया और एक ओर बैठ गई। तथागत ने उसको अनेक प्रकार से उपदेश किया। वह गणिका थी, रूपाजीवा थी। उसे अपनी वृत्ति पर गर्व था और समाज में भी उसका आदर था। उपदेश सुनने के उपरान्त आम्रपाली ने निवेदन किया,"भगवान्! कल का भोजन मेरे निवास पर स्वीकार करें।"

तथागत सदा से मौन स्वीकृति देते आये थे, वह आज भी दी। आम्रपाली उनको प्रणाम करके चली गई।

लिच्छवियों ने जब सुना कि बुद्ध वैशाली में आम्रपाली के आम्रककुंज में निवास कर रहे हैं तो वे भी सजधज कर उनके दर्शनों के लिये चले। आम्रपाली को तथागत के उसका निमन्त्रण स्वीकार कर लेने पर गर्व का अनुभव हो रहा था। वैशाली से आम्रवन की ओर जाते हुए वैशाली के युवकों ने उसके मुख पर गर्व की मुद्रा देखी तो पूछने लगे कि आज वह इतनी प्रसन्न क्यों है? उसने बताया कि तथागत ने उसका निमन्त्रण स्वीकार किया है।

लिच्छवि युवकों ने उससे निवेदन किया कि वह इसके बदले में जो चाहे ले ले किन्तु यह

निमन्त्रण उनके नाम स्वीकार करवा दे। आम्रपाली बोली, "यदि तुम समस्त जनपद भी दे दो तो मैं यह भात छोड़ने वाली नहीं हूं।"

युवकों को लगा कि आम्रपाली ने उनको नीचा दिखा दिया है।

लिच्छवि युवकों को आते देखकर तथागत ने भिक्षुसंघ एकत्रित किया। लिच्छवि पहुंचे, बुद्ध को प्रणाम किया और फिर कहा कि अगले दिन का भोजन वे उनके यहां करें। बुद्ध बोले, "लिच्छवियो! मैंने आम्रपाली गणिका का भात स्वीकार कर लिया है।"

लिच्छवि लज्जित हो गये।

आम्रपाली ने अपने स्थान पर पहुंच कर कल के भात की तैयारी की।

अगले दिन बुद्ध अपने भिक्षुओं सहित उसके निवास पर पधारे। उसने यथाविधि स्वागत सत्कार किया। बुद्ध तथा उनके शिष्य उनके लिए निर्धारित आसनों पर बैठ गये।

बुद्ध भोजन कर रहे थे, आम्रपाली समीप ही नीला आसन बिछा कर बैठ गई और बोली, "भन्ते! इस आराम को मैं भिक्षु संघ को देना चाहती हूं।"

तथागत ने मौन रह कर दान स्वीकार किया।

इससे पूर्व स्वयं आम्रपाली का पुत्र विमल काणिडन्य प्रव्रजित हो गया था। अब वह उपदेश दिया करता था। पुत्र का उपदेश सुनकर स्वयं आम्रपाली ने प्रव्रज्या ग्रहण की।

जब आम्रपाली वृद्ध हुई तो उसे अपने शरीर को देखकर बड़ा सन्ताप-सा होता था। कैसा कुन्दन-सा उसका शरीर था और आज वृद्धावस्था के कारण यह एक स्वप्न मात्र रह गया है। उसको अपना पूर्व जीवन स्मरण आने लगा। अपना साज श्रृंगार स्मरण हो आया। वह अपनी सहधर्मिणी भिक्षुणियों को अपनी पुरानी बातें सुनाया करती।

यह सब होने पर भी अब उसको किसी प्रकार का खेद नहीं था।

बौद्ध साहित्य के अनुसार अन्त में गणिका, वैशाली की शोभा नगरवधू आम्रपाली ने जो कहा, वह इस प्रकार था:-

"यह शरीर एक दिन सुख का आगार था, प्रसन्नता का केन्द्र था, काम का मन्दिर था, जरा ने उसे जीर्ण बना दिया है। दुखः का आलय बना दिया है। बिना मरम्मत बिना लिपाई-पोताई के जिस प्रकार घर गिर जाता है, उसी प्रकार जरा का यह भवन किंचित मात्र सेवा बिना गिर जायेगा, नष्ट हो जायेगा। कंकाल का खण्डहर मात्र रह जायेगा।

"यह सब मिथ्या है। परन्तु भगवान का वचन मिथ्या नहीं होता।"

यहां पर 'भगवान का वचन' से अभिप्राय बुद्ध से है, जगन्यिन्ता परमेश्वर से नहीं।

आम्रपाली का यह अन्तिम विवरण है, किन्तु यौवन काल में वह किस प्रकार बुद्ध तथा उनके धर्म से विलग रही, वह बहुत लम्बी गाथा है। ऐसी अनेक लम्बी गाथायें बुद्ध के जीवन में घटित हुई हैं, स्थानाभाव से उनका सबका उल्लेख करना सम्भव नहीं है।

17

महापरिनिर्वाण

गौतम बुद्ध की आयु अस्सी वर्ष की हो गई थी। उनको अपना अन्त समय निकट आता दिखाई देने लगा था। उन्होंने एक दिन आनन्द से कहा, "आनन्द! मैं वृद्ध हुआ, अस्सी वर्ष का हुआ। पुरानी गाड़ी जिस प्रकार मरम्मत करके चलाई जाती है, उसी प्रकार मैं यह शरीर चला रहा हूं। आनन्द अब तुम स्वयं अपने अवलम्बन बनो। धर्म ही दीपशिखा है, सत्य ही तुम्हारा चिरसखा है।"

आनन्द को यह सब सुनकर दुख हुआ किन्तु वह विवश था।

अपने अन्तिम समय में बुद्ध ने अनेक स्थानों पर जाने की इच्छा व्यक्त की। यह संवाद उन्होंने वैशाली में वेलुग्राम में किया था, उसके बाद उन्होंने आनन्द से चापाल चैत्य जाने के लिये कहा। वहां पहुंच कर उन्होंने भिक्षु संघ को उपदेश किया और फिर आनन्द से बोले, "आनन्द! मैंने तुम्हें पहले ही बताया था कि प्रियों से वियोग होता है। मेरा परिनिर्वाण समीप आ रहा है। तीन मास पश्चात मेरा परिनिर्वाण होगा।"

वैशाली से तथागत ने मण्डग्राम जाने की इच्छा व्यक्त की। कुशीनगर के मार्ग में उन्होंने भोगनगर और पावा में विश्राम किया। पावा में उन्होंने चुन्द कर्मकार पुत्र के आम्रवन में विहार किया। चुन्द ने भगवान को दूसरे दिन के भोजन के लिये आमन्त्रित किया, भगवान ने मौन स्वीकृति दी।

दूसरे दिन भोजनोपरान्त उनको मरणान्तक पीड़ा होने लगी। उनकी पूर्व की रक्तस्राव की व्याधि बढ़ गई। वहां से वे कुशीनगर जाने लगे। मार्ग में कुकुत्था नदी पड़ती थी। उसके निकट पहुंच कर तथागत एक वृक्ष के नीचे बैठ गये। आनन्द नदी से जल लाये। तथागत ने जल पिया। कुछ विश्राम करने के उपरान्त वे जल में स्नान करने के लिये गये। स्नानोपरान्त उन्होंने चुन्द

से कहा कि वे थक गये है, विश्राम करेंगे। चुन्द ने संघाती बिछा दी।

उन्होंने आनन्द से कहा "आनन्द! चुन्द को इस चिन्ता से मुक्त करना। उसको कहना कि उसके यहां भोजन करने के कारण मैं व्याधिग्रस्त नहीं हुआ था। उसे अपने मन में विषाद नहीं लाना चाहिये। उसका भोजन प्राप्त कर मैंने परिनिर्वाण प्राप्त किया है।"

"आनन्द! मेरे जीवन में दो भोजन विशेष महत्व रखते है। सुजाता का भोजन प्राप्त कर मुझे सम्यक् सम्बोधि प्राप्त हुआ था और चुन्द कर्मकार के भोजन के पश्चात् निर्वाण प्राप्त कर रहा हूं।"

वहां से बुद्ध कुशीनगर के शालवन में गये। वहां विश्राम कर रहे थे, तब उन्होंने आनन्द से कहा था, "आनन्द! संस्कृति अनित्य है। श्रद्धालु कुलपुत्रों के लिये लुम्बिनी, बुद्ध गया, सारनाथ तथा कुशीनगर, यह चार स्थान दर्शनीय हैं।"

आनन्द ने पूछा, "भन्ते! स्त्रियों के साथ हमारा व्यवहार कैसा होना चाहिये?"

"अदर्शनीय! और यदि दर्शन हो जाये तो आलाप नहीं करना चाहिये। यदि आलाप करना पड़ जाये तो स्मृति को संयमित रखना चाहिये।"

कुछ क्षण रुक कर आनन्द ने पूछा, "आपके शरीर के अन्त्येष्टि हम किस प्रकार करें?"

"चक्रवर्ती के शरीर के साथ जो क्रिया की जाती है वही इस शरीर के साथ करना। शरीर को नवीन वस्त्र में लपेट कर, तेल की लौह द्रोणी में रखकर चिता में भस्म कर दिया जाता है। भस्म होने पर चौराहे पर स्तूप बनाया जाता है।"

आनन्द को रोते देखकर उन्होंने कहा, "आनन्द! शोक मत करो, प्रिय का वियोग अवश्यम्भावी है। जो उत्पन्न हुआ है, उसका विनाश होगा। शरीर नाश से बच जाये यह असम्भव है।"

बुद्ध को अन्तिम समय कष्ट हो रहा था। ऐसे अवसर पर एक भक्त शंका समाधान के लिये आया, तथागत ने उसकी शंकाओं का समाधान किया। अन्त में उन्होंने आनन्द से कहा, "आनन्द! मेरे पश्चात तुम्हारा कोई शास्ता नहीं होगा। मेरा उपदेश ही तुम्हारा शास्ता है।"

कदाचित इस परम्परा के अनुसार ही कालान्तर में लगभग दो सहस्र वर्ष के उपरान्त गुरु गोबिन्द सिंह ने भी इसी प्रकार अपनी सिख संगत से कहा थाः - "मेरे पश्चात् अब कोई मनुष्य आप लोगों का गुरु नहीं होगा। अब आपका गुरु 'गुरुवाणी' अर्थात् ग्रन्थ साहब होगा।"

उन्होंने उस समय कहा था - 'गुरु मान्यो ग्रन्थ'।

इस विषय पर यहां विशेष कुछ लिखने की आवश्यकता नहीं है। जब कभी गुरुगोबिन्द

सिंह की जीवनी लिखने का अवसर आयेगा तब इस पर विचार किया जायेगा कि उन्होंने ऐसा क्यों किया था।

बुद्ध का जब अन्तिम समय आया तो उन्होंने भिक्षु संघ को एकत्रित कर सम्बोधित किया। कहा, "भिक्षुओ! धर्म कहता हूं। संस्कार व्ययधर्मा है, अप्रमाद के साथ जीवन सम्पादन करो।"

इसके उपरान्त बुद्ध ने प्रथम ध्यान प्राप्त किया, उससे उठकर द्वितीय ध्यान प्राप्त किया, फिर तृतीय और फिर चतुर्थ। तदनन्तर आकाश नत्यायतन को प्राप्त किया। विज्ञानाननत्यायतन को प्राप्त किया। आकिंचन्यातन को प्राप्त किया। नैवसंज्ञानासंज्ञायतन को प्राप्त किया। संज्ञा वेदयित निरोध को प्राप्त किया।

आनन्द ने अनिरुद्ध से कहा, "भन्ते अनिरुद्ध! भगवान परिनिवृत्त हो गये।"

उनके पिरिवृत्त होते ही भीषण भूकम्प होने की परिपाटी प्रचलित है।

तथागत के शरीर का चक्रवर्ती सम्राट् के समान अन्तिम संस्कार किया गया।

अजातशत्रु को विदित हुआ तो उसने अपने दूत के माध्यम से कहलवाया, "अस्थि पर मैं स्तूप निर्माण कराऊंगा, मैं पूजा करूंगा।"

वैशाली के लिच्छवि, कपिलवस्तु के शाक्यों, अल्लकप्प के गुलियों, रामग्राम के कोलियो, विष्णुद्वीप के ब्राह्मणों, पावा के मल्लों आदि सबने अजातशत्रु की भांति अस्थि पर अपना अधिकार जताने का यत्न किया। उस समय द्रोण ब्राह्मण ने कहा, "तथागत क्षमाशील थे, तो क्या उनके अस्थिविभाजन में विवाद होगा? यह नहीं होना चाहिये। आप इन अस्थियों को आठ भागों में विभाजित कर दीजिये और आठों दिशाओं ने बुद्धस्तूप का निर्माण कराइये।"

अस्थिविभाजित होने के उपरान्त मोरियों ने अस्थि मांगीं किन्तु वह विभाजित हो चुकी थीं। कोयले शेष थे उन्होंने कोयले ले लिये।

तथागत की अस्थि तथा कोयलों पर दस स्तूपों का निर्माण हुआ। राजगृह में अजातशत्रु ने, वैशाली में लिच्छवियों ने, कपिलवस्तु में शाक्यों ने, अल्पकप्प के गुलियों ने, रामग्राम के कोलियों ने, विष्णुद्वीप के ब्राह्मणों ने, पावा के मल्लों ने, कुशीनगर के मल्लों ने स्तूप बनवाए और नवां स्तूप तुम्ब पर ब्राह्मणों ने बनवाया, उसका नाम कुम्भस्तूप हुआ। दसंवा स्तूप पिप्पलीवन में मोरियों ने कोयलों का बनवाया उसका नाम अगार स्तूप रखा गया।